說不盡的台灣味

上冊

風土滋養的印象台味

胡川安——著

推薦序

道地台灣味，不得不考察

曹銘宗（台灣文史作家）

在台灣，把吃飯說成「考察」，我知道有兩個人，一個是我，一個是胡川安教授，而他勤跑田野，讓我望塵莫及。

胡教授因工作、旅遊去過很多地方，都會出入各種攤店、餐廳考察，他說非常辛苦，很多人笑他得了便宜還賣乖。但我了解箇中辛苦，他是為了研究飲食，才不得不吃、一吃再吃啊！

我跟胡教授的另一種共同點，就是喜歡研究歷史，我是記者出身的台灣文史工作者，他則是任教大學的歷史學博士，我們都善於探究飲食的歷史和文化。

胡教授這兩本新書《說不盡的台灣味》，分成「風土滋養的印象台味」、

「多元兼容的流轉台味」，就是來自飲食考察加歷史研究的產物。

飲食文化的形成，涉及自然（地理、氣候、物種）及人文（族群、歷史、文化）條件。台灣以獨特的地質、地形及地理位置，擁有「生物多樣性」及「文化多樣性」，這是台灣飲食多樣化的由來。

・**台灣生物多樣性**：台灣不但有各種地質、地形，還因為多高山而有各種氣候，又有不同溫度的洋流，並因在冰河期與歐亞大陸相連，而兼有海洋及大陸的生態資源。如此，台灣面積雖小，但物種甚多。

・**台灣文化多樣性**：台灣從大陸來看是不遠的海島，從海洋來看是西太平洋近岸島鏈的中心，位在東海和南海之間，連接東北亞與東南亞。台灣本是南島語族原住民的部落社會，十七世紀以後逐漸成為以華人為主的移民社會，歷經荷蘭、西班牙、明鄭、大清、日本、中華民國等政權，自古以來就是人類族群活躍的舞台。

從歷史來看，台灣本是山海物產豐盛之島，先來後到的族群帶來各地的飲食文化，加上自由開放的社會引進世界的異國料理，在此不斷地傳承、匯集、融合，形成台灣飲食文化「多元混融」的特色，並以深厚底蘊展現創新活力。

台灣主要是華人社會，其引進的飲食文化，可從早期的明清閩粵移民，以及戰後的中國各省移民來談。明清的閩粵移民，從原鄉帶來與宗教、節慶、習俗相關的飲食文化，例如：宗教的供品形成「糕餅文化」、「素食文化」，宮廟與市場的周邊形成「小吃文化」，美食的分享與人情的共餐形成「辦桌文化」等，並與台灣物產交融，建構台灣傳統的飲食文化。

台灣本有漳州菜、泉州菜、潮州菜、客家菜，尤其福建省會的福州菜，更是中國八大菜系之一「閩菜」的主流，在台灣形成「台菜」（台灣料理）的基礎。戰後的中國各省移民，則帶來中國大江南北的飲食文化。這波移民不像明清時期主要來自閩粵，而是遍及全中國，因此豐富了台灣的多元飲食文化。

當時台灣有大量來自中國北方的麵食族群，加上因國際米價較高而在一九五四年推行「麵粉代米」政策，使這個南方米食海島也創造出了豐富的新麵食文化，包括後來揚名國際的牛肉麵或刈包等美食。

上述歷史背景，有助於大家了解「風土滋養的印象台味」要訴說的故事。

知味推薦

食物不只是飽足，更是文化的載體與人情縮影。尤其台灣這樣的移民國家，一碗飯、一盤菜，時常蘊藏不同族群的文化交融。當「地方再生」淪為觀光包裝，飲食文化被「美食節」簡化成網路關鍵字的時代，作家深入田野，重構文化背後的真實脈絡，就顯得很可貴。

胡川安老師以「飲食文化」課為起點，化身飲食偵探，走訪路邊攤、家常菜、三星餐廳與食材產地，展開一場以味覺為經、田野為緯的文化書寫之旅。《說不盡的台灣味》兩冊書分別聚焦「風土滋養」與「多元交融」。從滷肉飯、珍奶到辦桌菜，從在地食材的原味展現，到跨文化激盪出的新風貌。每一道料理背後，都是一代人的痕跡與生活敘事。

作者用自己的人生體察、記憶與味覺，感受台灣飲食不同地區的流變、風土的差異，以及其中交織的人情故事。透過他的輕快筆調和深入觀察，讓味道成為門道，帶你讀出台灣味的千滋百味。無論是研究者、料理人，還是單純愛吃的你，都能在這兩本書中找到台灣飲食豐富的趣味和魅力。

——Hally Chen（飲食記錄作家）

要了解台灣，就從一碗滷肉飯、一杯泡沫紅茶開始。在法國，我們習慣透過一餐來看待一個民族的文化；而在台灣，食物就是生活的全部。《說不盡的台灣味（上冊）：風土滋養的印象台味》這本書，讓我重新感受到滷肉飯的鹹香與泡沫紅茶店裡的那個抽星座籤的青春記憶。

雖然我媽媽煮的料理非常好吃，可是每次離開台灣一星期，我就會開始想念滷肉飯。那是一種很奇妙的渴望，不是為了飽足，而是為了重新接上與這塊土地的連結。我曾問丈人、丈母娘滷肉飯的美味在哪，他們不約而同回答：「米。」不是滷汁，也不是肉，而是那碗飯的香氣與口感。這本書正寫出這個關鍵——台灣的米，是風土的體現。

書中從米飯談起，走進台灣人與土地的連結；從粥、碗粿、粽子，到牛肉麵與蚵仔煎，每道菜都是一段生活的語言。而那段寫泡沫紅茶的篇幅，更讓我聽見青春的回音。這不只是一本談吃的書，更是一本用味道說文化、記憶與土地的筆記。它讓我明白：味覺不只是感官記憶，更是通往故鄉的路。

——**吉雷米**（台語節目主持人、文化觀察者）

近年來幾乎所有關心台灣史的學者專家，都在努力尋找一個答案：如何讓我們印象中這些有趣、卻在大眾記憶裡生硬的故事，變得更加美味可口？

胡川安老師結合自身對美食的品味與台灣料理的熟稔，在過去幾年穿梭在不同城市、試圖幫這些融合大江南北的美味佳餚找尋它們的DNA，自米其林三星到路邊小吃，都有一段跟味覺一樣鮮甜可口的獨家歷史故事。

透過真切的觀察與文字，作家讓本來只是充斥笑聲與嘈雜的餐桌、車水馬龍的餐廳，成為了街頭巷弄、任何家戶都有的歷史博物館，讓美味之外更看見台灣四百年文化交織出的味蕾狂想曲。

——**李文成**（《一歷百憂解》Podcast製播人）

常常在台灣品嚐某道飲食時，因舌頭愉悅讓腦袋喚起記憶，口中胡亂道出：「我記得這是怎樣？但好像又不是這樣？到底是哪樣！」去查谷歌，叫喚AI，往往是一堆凌亂且不確定正確性的資訊。那就翻開《說不盡的台灣味》，這兩本是台灣飲食的小百科全書，有胡川安博士為你主講，先以自身的經歷如YT影片般帶領著你穿越不同的文化，走南闖北，無所不嚐。

其具備深厚的學識，強大的資料彙整能力，更有親身的品嚐、廣闊的交遊、全面的視野，告訴你這一系列飲食在台灣的發展——這是缺乏體驗、感情冷漠的AI所沒有的。更勝AI的，是這位饕客、學者、漫遊者三體合一的作家，文字平易，見解獨到，好讀好順又好懂，好客好吃好走踏，一道知識脈絡就此get！一本書把台灣味全都包起來！

——**鄭順聰**（台文作家）

胡川安這書寫得真好啊！我和妻都愛吃，交往的朋友，也多懂吃。過往廣告公司有個風氣，因為大家工作時間長，因此，為了慰勞員工，當主管的常常請吃飯，有時慶祝比稿成功，有時只是凝聚感情，加上要培養品味，好滿足客戶對廣告作品的要求，因此，通常會找好的餐廳、館子聚餐，一週吃上個幾次。於是，川安書中的館子，我多數吃過，在閱讀的時候，那環境的氣氛、菜色的滋味，都立刻重現面前，臨場感十足，真是非常棒且立體的讀書經驗。

但，我覺得，最精采的不是那食物菜色本身而已，而是後面的故事。我也會好奇，四平小館的酸菜白肉鍋怎麼來的？信義路那個離廣告公司很近的太和殿，說港星常去吃，那麻辣鍋又怎麼在台灣出現的？或者那個每隔一段時間，我們就想起一定要吃的米干，又是怎樣的來歷？

輕鬆愉快的語調，對故事的好奇，就是這本書的模樣，我讀來，就好像跟川安同桌，聽他一貫帶著遊戲般的笑容，卻道出食物背後的歷史，那總是讓我感到驚奇，並且深深著迷。飲食考察，十分辛苦，川安每天都得跑十公里好消耗熱量，我們讀這書，倒不至於得到過度的熱量，反而是咀嚼了熱力十足的故事，就請各位享受美食，又沒有負擔！

——**盧建彰**（導演、作家）

川安經常對自己南北奔波的飲食體驗，謂之「辛苦的考察」，這些讓人口水直流、羨慕不已的行程，如今出版為《說不盡的台灣味（上冊）：風土滋養的印象台味》與《說不盡的台灣味（下冊）：多元兼容的流轉台味》這兩冊書。

我們偶爾會在台南的餐桌上相遇，理解這個過程「果然辛苦！」，在各種誘人的美味裡，要穩住很不容易。

川安認為味覺評價經常似是而非，缺乏有系統的方法，飲食經濟行銷語言過於淺顯，難以展現食材與廚藝交會的深刻層次。他因此主張要動用各種感官品嚐味道，也要能辨識存在於各種食材中的風土原味，才能將味道消化、內化成自己的一部分。於是餐桌上的川安，要吃要聞要問要聽，真的很忙碌。

我可以見證「飲食考察太辛苦」，各位讀者還是先讀書比較快！

——**謝仕淵**（成功大學歷史學系副教授）

自序

了解台灣味，先了解台灣

「吃飯了嗎？」朋友親人間的問候，就是台灣人的「How are you？」，也是開啟話題的方式。我們經常問：「什麼時候約吃飯？」這永遠都是親戚朋友們串起彼此、分享生活的絕佳邀約。餐桌是彼此聯繫的記憶，從家裡廚房餐桌，到路邊的小吃；飲食也是創意火花的開端，是社會運作的潤滑劑，是寫作的謬思。將味蕾化作文字，味道便成為門道。吃下去的成了消化，寫出來的變成了文化。

過去「飲食寫作」在寫作中多被視為「小道」。回顧台灣的飲食文學，如林文月、逯耀東等人，多另有研究與書寫主題，並非專攻飲食寫作。反而是近年台灣各種類型的飲食書寫越來越多，從線上媒體、報章雜誌和飲食文學，還有很多學術科普類的書籍，都讓飲食寫作的邊界更加擴大。

在如此多的台灣飲食文化書寫中，《說不盡的台灣味》的上冊「風土滋養的印象台味」，就是要表達台味說不盡，但還是要說。一開始就從土地說起，從米到白飯的過程，熱騰騰的米飯，每天理所當然，但我們忘記其實得來不易，而且每個台灣人熟悉的滷肉飯，背後竟然有如此多的故事。

由米開始，那些我們日常的米粉、鹹粥、碗粿、米糕、肉粽，似乎藏諸民間，隨手可得，但從北到南，一個小小的台灣，有如此的多樣性，像是端午節就一定要戰南北，台南鹹粥一漲價就成為報紙和網路媒體上熱傳的話題。當國宴納入了碗粿，以前將中國江浙菜系作為「官菜」的傳統就式微了。從土地開始的米，延伸出的各種食物，還有各種議題，反映出了我們對於族群的認同。

說起台灣味，「鮮」是關鍵，「鮮」不只是魚鮮，還有肉鮮，雞、豬、牛和羊，每個地方令人難以忘懷的，就在鮮味。

小時候我在鹿港度過童年，烏魚子、蚵仔和鰻魚就是生活的日常，冬天經常拿烏魚子當零嘴，聽起來是相當過分的一件事情，但那就是我們海口人的生活。而且對於彰化人來說，爌肉飯和黑白切也是日常，但一定要用新鮮的台灣豬，才能夠將豬肉的每個部位都好好地享用。

隨著成長過程，我到了客家聚落和外省聚落，也去過嘉義和宜蘭，慢慢接觸過客家小炒、貢丸、牛肉麵，還有嘉義的雞肉飯，在不同的文化環境中還看到了白斬雞、羊肉爐和刈包。雖然是不同肉類，但對台灣人而言，肉的鮮味永遠是最重要的，即使不同族群到了台灣，鮮甜就是核心。

除了鮮甜，甘美也是重要的台灣味核心，而這就是台灣人喜歡喝飲料的原因，從台灣茶、仙草、啤酒、客家茶，還有延伸出來的冰品和飲料，台語中的「上青」，除了強調新鮮，還有那種進入喉嚨之後的回甘和暢快，身體也體驗到舒暢感。

從土地長出來的台味，有米、有肉、有茶，然後形成了我們的味覺基礎，延伸出無窮無盡的愉快飲食體驗。台味說不盡，在於愉悅，在於開心，在於我們在這塊土地生活的感覺。

目錄

PART 1

台灣米麵香

PART 2

台灣鮮味

PART 3

台灣冰、茶與酒

前言

從食物思考台灣的文化

「我覺得你每天的飲食考察好辛苦！」學生和朋友經常跟我說。

我在中央大學中文系上了幾年的「飲食文化」課，我們系上之前有焦桐老師教授這門課，畢業的校友也有葉怡蘭等飲食寫作名家。我的教法和以前的飲食寫作不大相同，不再只是純粹的文字寫作，希望學生能用現在多元的媒材表達飲食，而且最好將所學到的進行實際的「飲食考察」。

每天朋友和學生看到我在社群媒體上的發文，又到各地考察，我都跟他們說：「老師為了備課，從路邊攤吃到三星餐廳，從產地吃到家裡的餐桌，生活中關於吃的，都是考察的對象。」

從覺察飲食的各種訊息開始

我希望學生能在生活中理解飲食的意義，飲食是每天要進行的活動，如果能覺察飲食對於身體、社交和文化的層面，會增加人生的豐富性。中央大學附近的餐廳被網路票選為「美食沙漠」前幾名，即使在這樣的環境中，我們每天還是要吃，而且或許就是在如此貧瘠的環境中，對於美食的渴望才會迸發出來。

不管是部落格或社群媒體，網路上的飲食寫作相當貧乏，只有好吃、好好吃、太好吃了，或是討論CP值；遇到牛排只會寫「肉汁飽滿」，寫到甜點評語只有「不會太甜！」，究竟「不會太甜」對甜點來說，算是好的評語嗎？日本知名侍酒師田崎真也，曾在《侍酒師的表現力》書中提到：「肉汁飽滿並不等同於美味，只要脂肪夠多，難吃的肉也能夠脂肪飽滿。」而對甜點的讚美若只有「不會太甜」，對砂糖分量以外的風味表現、甜點師傅的創意和辛苦都一概不論，你該不會根本就討厭甜食吧？

生活中充斥大量的食物訊息，但我們沒有消化、內化成自己的一部分，並且用合適的表現力傳達出來，所以我們的語彙越來越貧乏，只能學習別人的用法，沒有真實的感受和體驗。

飲食是食物與身體感官的對話

飲食就是身體與食物間的對話，如果忽略了身體的訊息，當然就無法感受到食物。我們現在的注意力都在視覺，而忽略了嗅覺、味覺，還有觸覺，不同的感覺相互影響，又會形成新的體驗。

要體驗到氣味，必須增加敏感度，聞得出來也要能夠表現出來。我對學生說，嗅覺的體驗可以在生活中進行，學校就像是一座公園，你們能夠用嗅覺感受到春天的氣息嗎？可以試著感受雨後校園的味道、花開時的味道，或是一朵花、一棵樹、腐朽的樹葉……，辨認出每種春天的氣味。

有時也可以去花店，每個星期帶一種花回家，記錄下從花苞到花朵綻放、然後花落時的味道，也可以嘗試形容嗅覺上的感受，這樣一年之後就可以聞到五十二種花，且每一種花在文字上的表現方式都不同，如此將我們的感覺和表達能力連結在一起。經常這樣訓練，我們那些遲鈍的感覺就會慢慢恢復。

味覺也是如此。我很喜歡看一部日本漫畫《神之雫》，知名的葡萄酒評論家神咲豐多香因為胰臟癌過世，留下遺言要兒子神咲雫與養子遠峰一青比賽，找尋他所選出的十二瓶葡萄酒，獲勝的人可以得到所有遺產。神咲雫在追尋的過程中，想起小時候父親要他啃各種樹皮，嚐盡各種果樹的味道，讓他在品嚐葡萄酒的時候可以辨認出不同土地所生成的氣味，而這就是葡萄酒的核心——風土。

「風土」一詞是從法文中的Terroir而來，簡單的說就是農產品所呈現的風味與土地之間的關係，將風土發揮得最淋漓盡致的，就是法國的葡萄酒。葡萄酒可以忠實地反映出土壤、氣候，如果再加上時間的累積，就是年分，還有每個酒莊的釀酒功力，能讓自然與人文條件之間形成更為豐富的結合。

完美展現風土的米飯

所有農產品都有如此的風土條件，舉例來說，在日本料理中最為關鍵的就是米了，米飯既是美味的起點，也是決定一頓飯完美與否的句點。好吃的米具有多層次的香氣，東京名廚小山裕久說：「白飯凝聚了日本料理的技術和精神。」

如果提到最好吃的白飯，就必須說品茗茶會。因為空腹喝茶傷胃，茶會前通常會送上白飯、湯類和向附（生魚片）。你可以想像在品茶的狹小空間，約莫兩坪大的範圍裡，聞到炭火烹煮的白米飯香氣，飄散在空氣之中。

為了使吃進嘴裡的白飯溫度與口感配合得當，必須計算端上白飯的時間，氣味和溫度的控制也務必精準。白米飯成為品茗成功與否的關鍵，而茶道所發展出來的精進料理與懷石料理，也成為日本料理至為關鍵的一環，所以我們或許可以說「米飯是料理之始」。

白米飯也是日本料理的壓軸。在懷石料理中，菜一道一道上，最後上的就是白米飯、醬菜和味噌湯。大家一定會問，一頓飯的最後送上白米飯，不會吃不下嗎？我想，真正懂日本料理的人，一定會給你如料理大師北大路魯山人的答案：「不會，因為美味食物的極致，便是米了！」

尋找存在食材中的風土原味

風土存在各種食材中，每一種都有獨特的原味。任何食材都有其他食材無法取代的味道，這是創造出天地的自然力量。飲食考察的最基本方式，就是強化自己的感官，讓每種食材都與自己的身體對話，並且精準地表達出來。

除了開啟自己的感覺，還要增加表現的能力。我希望學生能多增加飲食經驗，進行考察，讓飲食經驗成為生活中的儀式感，並且思考到深層的台灣文化。

在「飲食文化」課堂上，有一位學生的報告，沒有介紹哪間餐廳好吃，也沒寫私房美食，而是靜下心來思考自我與食物的關係。他觀察到，自己一個人吃也很可以，每天透過食物增加生活的儀式感。即使在中央大學這美食沙漠中，他會安排午餐到山下吃點東西，然後開始自己的一天。每天在忙碌的行程中，透過飲食找到自己，久而久之，就會培養出飲食的個性。

有一次下課後，我進行桃園牛肉麵的進化考察。說起源頭，大家都說牛肉麵來自中壢或左營的眷區。但早年生活困苦，用的牛肉普通，麵條則看每家是自行製麵或用機器擀麵，湯頭則來自中藥、香料與牛肉湯的比例，各有不同。而台灣牛肉麵近幾十年來，不僅台灣人吃，還西進中國，成為台灣的代表食物。

但我最近看到了牛肉麵的「第三代」發展，牛隻屠宰符合穆斯林的處理方式，很顯然是為了越來越多的新移民。除此之外，還獲得溯源餐廳的認證，清楚說明食材的履歷，讓傳統牛肉麵又有了新高度。點了一份限量的牛肉麵，香料混合了數十種，辣椒的確夠純。我的身體很敏感，吃到真的花椒，頭頂的穴道就會流汗。在溼冷的天氣，吃完脾胃暖且通體舒暢。

外省移民來台創造了牛肉麵，後來傳回中國。以後符合穆斯林屠宰方式的台灣牛肉麵，應該也會南向進入東南亞國家，讓食物融合更多的文化。

透過食物觀察台灣文化，從一碗麵中，就可以看見族群的變遷。

PART 1

台灣米麵香

吃著從台灣土地收穫出來的米飯，
有時則是麵香飄散在餐桌間，
感受著食物最簡單的原味。
我們咀嚼，口腔中滿是飽足豐潤。

01

白飯

從米開始的飽足之旅

二〇二三年有件事在新聞上鬧得沸沸揚揚，台北科技大學資訊與財經管理系的營隊學生到熱炒店用餐，該店提供免費的白飯，由於太多人用餐，菜都還沒上齊就把店家免費招待的白飯吃完，熱炒店來不及煮飯，於是學生到google評論上留下一星負評。兩方在網路上和媒體上相互表達自己的立場，誰也不讓誰。

免費吃白飯是一種人情。

以前我念延平中學，當時就住在北科大的對面，仁愛路空軍總部對面的忠南飯館就是無限供應白飯。

忠南飯館燒的菜好吃，我們也常去吃，我最多吃個一碗白飯就飽，有些同學最多盛兩碗，那裡有我中學吃飯的回憶。

後來我才知道，那是以前眷村時期、經濟尚未起飛時，餐廳老闆給大家的一種方便。飢餓的年代，忠南飯館的菜，一點醬汁就可以讓人飽足。

但我的時代已經不是飢餓的年代了，忠南飯館還給我們這樣的中學生方便，在仁愛路的黃金地段上，更顯得人情的珍貴。

蓬萊與在來

台灣不缺白飯，但在富足的時代，只缺人情和同理心。忠南飯館提供兩種飯，蓬萊米（粳米）與在來米（秈米），讓不同族群的人都可以享用；蓬萊米與在來米更說明了不同族群來到台灣的故事。

日語中的「在來」，有「向來、既有」的意思，日治時代為了讓台灣的稻米能夠補充日本國內的米糧，引進日本稻米在台灣試作，但由於台灣的高溫氣候，試作一直沒有成功。

大正十年（一九二一），台北州的農務主任平澤龜一郎在陽明山竹子湖找到與九州氣候相似的地方，建議在此試作，後來農業技師末永仁採用「幼苗插植法」，讓日本的米種從山上到平地栽種。兩年之後，末永仁再度將日本稻的「龜治」和「神力」雜交育種為「台中六十五號」，符合台灣的天氣和水土，產量也相當高，種植出來之後有如日本的粳稻，米粒晶瑩剔透，且米質柔軟。

大正十五年（一九二六）在台北鐵道飯店舉行「大日本米穀大會」，將台灣產的米稱為「蓬萊米」，向日本國內推銷，將本來台灣人吃的秈稻稱為「在來米」。「蓬萊米」在日治時代推廣，但吃「在來米」的人還是不少。

戰後由於肥料缺乏，秈稻較為抗旱且使用的肥料較少，「在來米」的食用人口還是比「蓬萊米」多，而且戰後很多外省移民來到台灣，他們也習慣吃秈稻。

從忠南飯館就可以看到外省人與本省人的飲食習慣不同，台灣人受到日本人統治，「蓬萊米」較符合日本人的口感。日本人對於米飯的要求十分嚴格，在日本料理中，米飯既是美味的起點，也是決定一頓飯完美與否的句點，好吃的米是具有香氣的。

到底什麼樣的米算是好吃的米呢？

有些人從米粒的外觀、透明度、黏度、形狀加以判別，但是單從外觀還是無法了解米好不好吃，畢竟感官帶點主觀的成分，所以日本人為了讓主觀的感官客觀化，透過評鑑制度，嚴選出外觀美又好吃的米。

「日本穀物檢定協會」從一九七一年開始在日本全國各地評鑑，每年發行一本《稻米的食味等級》。二十多個品評員，男女各半，每天試吃一次，一次食用四個樣品，評鑑全國各地的稻米。他們的工作就是「吃飯」，有如紅酒的品評員一般。

日本的越後地區，也就是現在新潟縣所生產的「越光米」，一向被認為是日本最好的米。越光米並不好種，施肥太多會導致稻穗太重，稻稈下垂；施肥不夠，稻穗又不飽滿；加上越光米所在的新潟位於日本本州中部的海岸邊，冬天氣候寒冷，稻米的成長季節相當短，從播種、插秧到收成，時間要掌握得恰到好處。因此，只要氣候稍有變化，收成就會不足，導致越光米曾經比貨幣還珍貴。近年來由於政府提倡，除了越光米之外，北海道的夢美人米和九州的元氣米，也獲得特A的評鑑。

反觀台灣，如果我們從米的消耗量來看，一九七一年，平均每人每年消耗一百三十公斤，二〇一二年降到四十六公斤以下，在東亞米食文化圈來說，已經算是最少的米食消耗量。

如果說米飯是日本料理的起點，我覺得台灣的飲食文化也是以米為出發點，不僅滷肉飯、雞肉飯、豬腳飯、知高飯，還有客家的粄食，或是從米延伸出來的甜點，都是米食文化的一部分。

白米不僅是提供溫飽的主食，而且反映著我們與環境和生態之間的關係。日本每個地方都有不同的米，而且味道、口感都不同，但台灣人很少辨別得出來各地米飯的差異。

稻米與人情

「台粳九號」米的特色就是飽滿、潔白且米粒大，放涼之後一樣好吃，所以我們常吃的日式飯糰很適合使用；「台南十六號」的米口感具有彈性；「台農七十一號」的「益全香米」帶有芋頭香，每塊土地的特性都不同，長出來的白米風味就不同，從白米可以體驗土地，體驗台灣的滋味。

以前我們種稻會使用化學肥料，或採用傷害土地的方式，現在則是追求永續，希望能疼惜土地，同時享受土地對我們的滋養。我除了教職之外，同時經營一個基金會，照顧和收容兩百多個喜憨兒，每天要吃掉六十斤的白米，一個月超過一千多公斤。

「稻寶地・幸福農」的創辦人謝景貴先生（人稱「稻爸爸」），從媒體報導中知道我們經營的「真善美社會福利基金會」有需要關懷的長者「老憨兒」。過去兩年，當我們感恩米糧豐收之際，他們曾捐贈基金會兩次稻寶米。每天開門七件事對基金會來說是一大開銷，能取得穩定米糧供應相當重要！

去年初，稻爸爸和夥伴實地拜訪桃園「真善美社會福利基金會」，才明白老憨兒的照護並非易事，除了專業，更需要超凡的愛心與耐心，稻爸爸和夥伴大受感動，暗自許下心願：要邀約更多人來一起疼惜老憨兒，成為基金會穩定的支撐力量。

畢業於台大法律系、在金融業二十多年的謝景貴不是一般的農夫，他在花蓮有一處能夠自行儲水、發電的五甲稻田。從金融業離開後，他走訪世界各地災難發生的地方，開始改變生活態度，認為要減少對社會系統的倚賴，後來開始在花蓮自己實行自然農法，全職種植稻米。

「如果我要把理念推廣出去，一定要有獲利的可能才會有說服力，不然別人只會覺得你是因為有錢所以亂種也沒差。」他認為完全仰賴生態農法很不容易，還要可以獲利，果然是出身自法律與金融背景。他透過認養模式，每年找人出資認養稻米收成，以保障農夫有固定收入。後來找到了四百多個認養人，讓每一個農戶都能養家活口。

謝景貴從花蓮來聽我們真善美基金會的故事，而我對於真善美的概念也是永續經營，這些從土地長出來的故事，才是台灣需要的故事。我們後來相約在花蓮，在稻米收成的時候。

晚上吃著剛從土地收穫出來的米飯，煮飯時，香氣飄散在客廳中，搭配了當地小農自製的蕗蕎味噌，感受到從土地生養出的滋味。我們咀嚼，口腔中滿是飽足豐潤。

02

滷肉飯

無論南北都美味的肉汁與飯香

我曾經在演講中介紹台灣食物給哈佛大學即將來台學語文的學生。提到滷肉飯時，我說每個台灣人的心中應該都有一碗滷肉飯，從基隆到屏東，每一個人對於好吃的滷肉飯都有不同的標準。

我經常到基隆做飲食考察，而且都會找當地的台灣文化偵探，也是飲食作家曹銘宗老師。我們到廟口考察，在基隆這裡，主要的移民群體是閩南漳州人。他們來到這裡的第一件事就是建造一座寺廟，奉祀的神明是開漳聖王。此外，這裡作為社區的社交中心，漸漸地，人們聚集於此，帶著自製的食物出售，最終形成這個美食區，也就是我們所說的「廟口美食」。

我第一次到基隆的時候，曹老師就帶我到廟口的「天一香」，傳承了四代，從日本時代就開始，店名的根源是「天下第一香」，由開漳聖王廟的主任委員所取。台灣的許多菜餚都是進口的，但滷肉飯卻是純粹的本地風味。慢煮的豬皮和豬油成為台灣人的靈魂食物，呼應了早期農業社會的節儉性格。

滷肉飯是勞工階級的主食，帶著懷舊的味道，或許也可說是台灣飲食文化的精髓之一。台灣滷肉飯的真正起源或許無從考證。在早期農業社會，豬肉是罕見的奢侈品，農民會透過巧妙的烹飪技術來榨取他們擁有的任何肉類。

將豬皮、脂肪和其他肉切碎，用醬油醃製，與炸蔥一起煮成肉汁，然後將濃郁芳香的肉汁淋在米飯上，享用一頓豐盛的大餐。後來，滷肉飯成為工薪階層的街頭主食，為忙碌的工人提供全天簡單美味的一餐。雖然紅燒肉飯通常在午餐或晚餐時食用，但它也是台灣南部人民的早餐主食。

從北到南的差異

說到滷肉飯的風格，台灣北部和南部地區的喜好有所不同。北部人說的滷肉飯，南部人稱肉燥飯；而南部的滷肉飯指的是用整塊五花肉或三層豬肉滷製的。

就像在台灣北部一樣，這道菜在中部也被稱為滷肉飯；然而，提供的是在台灣南部較常見的五花肉碎丁版本。

不管有何差異，這些滷肉飯菜餚都同樣美味，配上甘美肉汁，在嘴唇留下黏稠的吻。不需要昂貴的肉塊，但新鮮是關鍵。每家餐廳都用自己祕密混合的調味料醃製新鮮豬肉，手工絞碎的豬肉比機器絞肉的質地更佳。脂肪和瘦肉的比例每個人喜好不同，有些人喜歡脂肪含量較高的混合肉，有些人則堅信五十比五十的分配，而越來越注重健康的消費者也開始接受瘦肉。

一般滷肉飯使用的是「糟頭肉」（豬頸肉），新鮮豬頭肉具有香氣，而滷肉醬汁使用高湯、米酒、醬油、胡椒粉等，最重要的靈魂就是炸酥的紅蔥頭，一起將精華都熬煮出來。

美食作家焦桐曾說：「我好像從剛冒出乳牙即開始吃肉燥飯，吃到滿嘴假牙還和它纏綿不休。」台灣的米透過日本人改良成蓬萊米，飽滿的米才是滷肉飯的關鍵，熱氣四溢的白米飯跟滷肉結合，黏住嘴唇的感覺十分美好。

吃滷肉飯雖然樸實無華，但卻有著無比奢侈的幸福，肥肉與澱粉的結合相當滿足，有些店家還會加上滿滿的蝦仁和牡蠣，另外再加上半熟蛋，讓流出來的蛋黃汁液與肉香和米香結合，根本就是人生的至福。

南部很多好吃的肉燥飯都用半熟蛋，有些用鴨蛋，像是「前金肉燥飯」，下面還有肉絲，配上半熟的鴨蛋，流出來的蛋香和肉香混合，還有魚鬆的鮮味，一碗飯根本就是海陸大餐，再來碗虱目魚肚湯，一天開始的活力充滿。

之前傳出台南的「阿和肉燥飯」七十多歲的老闆要退休，傳承給年輕的一代，怕味道不同，趕緊去考察，仍然有記憶中的味道。除了肉燥飯，我還會點生魚皮湯，才能嚐到真正的鮮味，配一點芥末提鮮，再點盤三層肉和半熟荷包蛋，蛋汁和醬香濃郁，讓嘴巴裡充滿幸福。

是一天的開始，也可以是完美句點

我的朋友，拿到米其林一顆星的廚師Nobu，他在做菜之餘，也會走訪滷肉飯的店家。看他走訪過不少家滷肉飯，像是：「北北車」、四平街「富霸王」、「老董小吃部」、「金仙」、「黃記」、台中的「山河」，還以為他要改行當作家。其實滷肉飯就像是簡單又複雜的幸福，人生所有的問題，如果一碗滷肉飯解決不了，就吃兩碗吧！

我的好朋友、作家魚夫曾提到：「以前在媒體工作，經常到有華西街凡爾賽宮之稱的『華西街台南擔仔麵』，不過在酒酣耳熱之後，覺得還是要來碗滷肉飯才是王道啦！」滷肉飯可以是一天的開始，也可以讓一天完美畫下句點。

決定一碗滷肉飯成敗的其他因素，包括米飯的選擇和準備、米飯上肉汁的量，以及配菜。醃漬黃蘿蔔、小黃瓜片、滷蛋等配菜與滷肉一起享用，這道不起眼的菜就變得不平凡了。

我從小就喜歡滷肉飯的滋味，而且有些老店我從小學吃到現在。松山路有不少好吃的滷肉飯，「施家麻油腰花」的滷肉也好吃。有一次在日本待了很久，一回來很想吃台味，就在松山路上考察了兩間滷肉飯，一間老店、一間文青風。

我以前常來松山路，小學念國父紀念館旁的光復國小，當時我才知道很多同學跨區來讀書，從永和或松山路特別過來。有時下課我跟同學一起到松山路上，發現到處都是好吃的。每個愛吃滷肉飯的人，都有吃過金仙，但松山路的這家最好，滷肉完全是膠質，卻吃得到皮的韌性；飯的軟硬適中，滷肉飯最忌飯太軟，滷汁一澆下去飯又顯得爛，另外點了蝦捲和綜合魚丸湯。吃完後往松山路頭走過去，「夯·魯肉飯」這家帶了點文青風，還加了魚鬆，增添一點南部味，另外加點排骨酥湯，吃飽了才滿足，有完整地回到台灣的感覺。

晚睡人的心靈慰藉

對於晚睡的人，半夜來點滷肉飯是相當慰藉的事。大學的時候，如果晚睡就會去西門町的「西門麵店」。雖然叫麵店，但店裡好吃的是滷肉飯和豬腳，而且開二十四小時。

豬腳好吃的店，滷肉飯都不會太差，切丁

許多肉燥飯會搭配半熟蛋和魚鬆，一起享用，滋味無窮。

的滷肉是肥肉但仍相當有咬勁。飯煮得很好，滷汁和飯的比例也相當不錯，不會讓飯過軟。半熟蛋流出的蛋汁，搭配酸菜和黃瓜，味道濃郁卻不會膩。

銷魂豬腳的招牌比麵店還大，在門口看到大滷鍋就相當吸引人。豬腳的醬香很濃，還很有膠質，口感很好；加點了大腸也相當彈牙，這種嘴巴和味道的平衡感最為愉悅。

滷肉飯也是思鄉的台灣人的象徵，三歲就到日本居住的溫又柔，在她的小說《魯肉飯のさえずり》（魯肉飯的聲音），講述家庭當中生活上的衝突與和解，小說中的魯肉飯是用來彰顯自己的認同，一個台灣人的象徵。

最近來台灣旅遊的日本人相當多，而且日

風味迷人的滷肉飯與豬腳，令人滿足的一餐。

本和台灣的關係相當好，在日本還掀起了台灣料理的風潮，日本的獨立歌手veno甚至把滷肉飯變成一首日文歌，歌名就叫作《深夜的滷肉飯》！

午夜滷肉飯
請可愛地擺盤
眼皮的內側大雨滂沱
這個時候見不到的你在說晚安
不安寧無法入睡的夜晚
煮了烤了吃了消化掉
以為自己能夠變成大人
你那寂寞的側臉
是在想著別的誰而哭泣嗎？
這麼晚了還醒著
螢幕使用時間是十二小時

午夜三點打電話給我，寶貝
惡魔的季節微笑著
午夜滷肉飯
煮濃了甜辣地煮
午夜滷肉飯

歌詞詳細地敘述了烹調手法，收乾了滷汁，還要煮到甜中帶辣，其實和我們習慣的滷肉飯有點不同，但也象徵了滷肉飯到了日本的在地化。

具備台灣特色的滷肉飯，在每個人的心中都有不可撼動的地位，藏諸民間、隨手可得，也是所有台灣遊子的家鄉味，現在還走向日本，開始產生各種版本的滷肉飯。一碗簡單又樸實的飯、卻有各種複雜的詮釋，最簡單的，反而是最複雜的滋味。

03

米粉

一股溫潤的懷舊氣味

我讀研究所時，有個女朋友住延平北路三段附近，曾住過她家。她去上班的時候，我還在睡覺，醒來後會在附近晃來晃去，十點去慈聖宮吃點東西，中午去咖啡廳讀書寫論文，晚上在公司門口等女朋友下班。

「你今天在做什麼？」女朋友下班回來後問。

我據實以告。時間久了，她就覺得我沒什麼出息。其實研究生的生活總是每天在書堆裡，想從中發現一些靈光乍現的軌跡，找到歷史中的一些規律和發展，生活似乎有點苦悶，然而每當嚐到米粉吸飽了旗魚高湯的鮮味，總會讓我感受到生活的美好。

溫暖的滋味令人懷念

我也喜歡大稻埕的民樂旗魚米粉。有一次在大稻埕參加完魚夫大哥的新書發表會，晚上又要辦公益募款餐會，主辦人大概吃不到什麼東西，便叫了碗旗魚米粉，在天冷的路邊最適合了，米粉湯最重要的就是要有「黑白切」。

一個攤子，早上是旗魚米粉、紅燒肉，下午變身熱炒和黑白切。這裡厲害的就是「天梯」，一般人不知道是什麼，其實就是豬上顎，舌頭往上頂，頂到的地方，一隻豬就一塊而已，吃起來脆脆的又有嚼勁，現在有賣天梯的黑白切店不多了。

再來盤炒羊肉和旗魚，鑊氣十足，沙茶味濃厚。天冷的日子先暖胃，晚上的公益募款餐會，暖心！

享用大稻埕的民樂旗魚米粉，往往會搭配個紅燒肉一起解饞。

米粉湯給我的記憶總帶點溫暖和懷舊。台北由於城市不斷更新，除了延平北路、西門町和大稻埕還有點記憶中的感覺，很多地方已經面目全非。曾經有一次下午要到大直的高級飯店演講，但苦於找不到中午吃飯的地方。大直很多星級餐廳和大飯店，但始終不對味，最後還是在「米粉川」停了下來。以前大學來的時候，大直這些大樓還沒有發展起來。

除了米粉湯，我還經常點雞卷、紅燒肉、大腸頭，都相當入味，而且米粉川這一家小店，什麼都賣，還有賣年菜。

以前小學和中學都住在東門市場附近，我很習慣在市場中穿梭，市場中有兩家米粉湯，「黃媽媽」與「羅媽媽」，口味都相當不錯，各有擁護者，差別在於湯頭。兩家的湯頭以豬大骨和豬肉熬煮，黃媽媽的較清淡，但都使用了客家口味的新竹米粉。

逛東門市場頗有族群融合的味道，我嚐了客家風味的米粉，還吃了赤肉羹和甜不辣，再買幾盒點心回家，台灣、外省，還有日本的味道，這裡都有。

我也常到新竹市場吃米粉湯，新竹的東市和西市都有米粉湯，而且都有濃厚的芋頭味，綿密的芋頭湯讓湯汁更加鮮甜。我常去的「西市米粉湯」，可以感覺到濃濃的芋頭香，而且這裡的米粉是我喜歡的較粗且軟嫩的米粉，再點些紅燒肉和米腸，兩者都香氣十足。

米粉從何而來？

台灣的米粉從何而來？主要來自中國福建的惠安，從台灣中部開始，往南和北發展，分別產生了知名的埔里和新竹米粉。新竹米粉因為在日治時期導入了機械的發展，開始使用蒸箱蒸煮，而出現了細米粉。

米粉是自然環境和人文所形成的特殊食物，自然環境仰賴風力、日曬和地形。一開始從泉州來的移民在中國也製作米粉，他們覺得此地與原鄉的風土環境類似，適合製作。而早期移民的聚落，主要是家庭和宗族血緣關係的集合，可以提供米粉製作所需的密集勞力，在新竹像是南勢和客雅庄就有米粉寮的稱號。

米粉的製作方式相當複雜，一開始將米浸泡一夜軟化，接著用石磨磨成米漿，濾過後的米漿捏成小粉團，之後蒸煮。新竹的「炊粉」用蒸籠蒸熟，之後還要放在舂臼中攪拌，再進入米粉車擠壓成細條狀。細條狀的米粉裁切成合適的長度，一份一份放上竹篾架，拿出去吹風。

新竹因為風勢的關係，米粉在曝曬過程中，吸進了台灣特有的風味，尤其是秋冬季節的東北季風，有雪山山脈擋住雨勢，吹到新竹的時候變得乾燥冷冽，吹撫著米粉，讓米粉吸進了雪山的風霜。

傳統米粉寮的家族都要觀風向，風勢一轉就要調整，相當辛苦，所以以前人都不希望女兒嫁進做米粉的人家。有句俗諺說：「嫁翁不嫁米粉寮，米粉做好就割草，扁擔擔起目屎流。」表示嫁給米粉寮的老公注定辛苦，而且還說：「嫁南勢，做到死；嫁客雅庄，不死也黃酸。」

日治時期引進了柴油動力的發動機，將米粉壓絲的過程機械化，省卻了人力也增加了產量。新竹米粉的品牌相當多，很多都是傳承好幾代的老牌子，新竹美食家李元璋曾將品牌名稱做過分類，最多的是動物類，像是：龍、新龍、雙龍、鴛鴦、白鶴、正孔雀；也有神佛類，像是：觀音、聖母、孔子、佛祖、濟公，還有天文類，像是：吉星、聖光……等。

將米粉搭配上竹苗地區的特產芋頭，就會帶有芋頭香，另外，新竹還有一個特產——鴨肉麵，後來結合了米粉，就變成具鴨肉香氣的鴨肉米粉。在地的「鴨肉許」、「原夜市鴨肉」、「一品鴨肉」就發展出很多米粉料理像是下水炊粉、鴨肉米粉麵等。

強勁的新竹風吹撫著米粉，成就了溫潤細緻的口感，讓米粉散發著米的清香，帶點溫暖，也有點懷舊的感覺。

西市米粉湯可以喝到濃濃芋頭香，而且是我喜歡的粗且軟嫩的米粉。

04

鹹粥

一碗既複雜又簡單的美味

台灣有個網路頻道Taiwan Plus，是要讓外國朋友了解台灣，其中有個「台灣關鍵字」單元談到食物，請我寫腳本，我想了幾個具備「台灣味」的食材和食物，從北到南拍攝。我當時決定到台南拍攝「阿堂鹹粥」。

採訪阿堂鹹粥的前一天，剛好帶著府城美食者老陳耀昌醫師在苗栗踏查。我說隔天要去訪問阿堂鹹粥，他似笑非笑的，後來進一步問了才知道，那就是他們的日常，但不知道為什麼那麼有名。

最在地日常的一碗

隔天一大早，我們到了阿堂鹹粥，老闆娘很熱情地出來招待。知道我們不是什麼獵奇的媒體，也不是飲食行腳節目，而是要透過文化部的Taiwan Plus將台灣的食物傳遞給世界。

「我老公四點就會來這裡，確定每個環節都對了，在七、八點再回去睡一下。」老闆娘說。

阿堂鹹粥無法開連鎖店，是因為從掌握虱目魚的品質開始的每個作業環節，都需要熟悉的魚塭和廠商。吃過虱目魚的人都知道，魚刺多，光是剔除魚刺的過程就有八道工法，每一個師傅都是不可取代的。

每個師傅的手都有缺陷，有些人是拇指、有的人是小指，每個師傅在長期拿刀的過程中，都是用身體的痛楚在跟虱目魚對話，讓我們能品嚐到好的鹹粥。

疫情期間，阿堂鹹粥曾經停業兩次，每天有那麼多的師傅和現場的人員要養，而且在疫情期間，沒有人要到現場吃，但每個月都要發薪水，在衡量狀況下，選擇停業。

「不能做外送嗎？」也許有人會問。

還真的不能，像是虱目魚腸，處理完之後就要馬上食用。鹹粥也是，吃的是魚粥的鮮味。我對魚的鮮味相當敏感，或許是因為出生於鹿港，跟老闆娘提及的時候，她說：「鹿港人一定懂。」

很多做好的料理可以運送，可以透過Uber eats或是Food Panda，但鮮味的魚湯鹹粥不行。

鹹粥的靈魂

鹹粥的靈魂在湯頭，阿堂用的是虱目魚、土魠魚和豬大骨、雞骨熬製的湯頭，風味相當豐富，唯一的核心是鮮甜。有其他家鹹粥專用虱目魚骨熬製，專注在魚湯的鮮味。魚粥的重點在兩者，在魚也在粥，用魚的高湯熬煮的是靈魂，每一口也都要有魚肉，而台北的小吃攤不可能有這種奢侈的享受。

我有一個台南的朋友，說他有個台北的朋友第一

台南的虱目魚鹹粥，每一口都要吃到魚肉。

次去台南玩的時候，吃了土魠魚羹，他趕緊用手機傳訊息給他說：「我在土魠魚粥裡面看到一堆土魠魚肉耶。」

「所以嘞？」

台南人不懂這種問題，土魠魚羹或是虱目魚粥裡面不是都要有一堆魚，而且每一口都要有魚嗎？橘逾淮為枳，我們只能說，到了北部有些料理只剩下名字，而缺乏了實質。

鹹粥和廣東粥的粥是有差別的，廣東粥的粥通常煮得較為稀爛，但是鹹粥的米較為分明，仍然吃得出米粒，這是以往泉州所謂的「半粥」，不到粥的程度，雖不近，亦不遠矣。

台南的「阿堂鹹粥」和「阿憨鹹粥」應該都來自泉州。「阿憨鹹粥」引進的時候大約是清雍正十

傳自泉州的鹹粥煮法，是看得出也吃得出米粒分明的「半粥」。

年，引進了半粥的作法，在台灣泉州人多的地方像艋舺、大稻埕和台南都有；「阿憨鹹粥」是因為鄭極（阿憨）在石精臼大廟前在鹹粥中加入虱目魚，成為台南當地的特色。從泉州來的鹹粥，搭配各地不同的食材，讓鹹粥本土化。

像是台南的鹹粥一般會加油條，和我們習慣的酥脆口感不同，阿堂鹹粥用的是附近傳了三代的油條，吃起來有軟韌的口感。油條通常是和燒餅配成一組，但是台南人吃東西很喜歡另外搭配油條，有時吃魚丸湯也會配一下。

清淡、養生的粥

我們如果有看《清稗類鈔》就可以知道粥分為兩種，一種是清粥，像是糯米粥、大麥粥、綠豆粥和小米粥都是直接用純穀類煮的粥；另外一類則是有加入豐富的材料像魚肉、雞肉、豬肉等，讓清粥增加更多的風味。

台灣的鹹粥有所謂的「北肉南魚」，用豬骨熬湯的大多在台北和台中，台南則以魚骨熬湯，但也有例外，像是台北的「汐止車頭鹹粥」主打用蝦米、小魚乾熬煮，而台南的阿堂鹹粥也有用豬骨熬湯。

以往農業時代較為貧困，台灣早期漢人從中國移民而來，從記錄上來看：「查閩地民人向食番薯，其切片成乾者……加米煮粥，即可度口。」福建沿海地區由於地狹人稠，很早就向海外移民，福建吃地瓜粥的習慣也傳到台灣，而且台灣適合種地瓜，地瓜和米一起煮食，可以省米又得到飽足感，所以現在我們很常說的「古早味」粥，指的就是和地瓜一起煮的粥，有種清貧簡單生活的懷舊感。

隨著時代發展，現在大家想起地瓜粥或清粥，都帶點回歸簡單素樸的感覺。以前我住在台北東區，復興南路有一排商家都在賣「清粥小菜」，由於大學時習慣晚睡，夜晚讀書寫作到凌晨兩點便覺得餓，走到家附近的清粥小菜館發現人聲鼎沸，來客絡繹不絕，大多是過夜生活的人想讓胃和身體得到休息，來上一碗清粥，配點菜，以此結束繁忙的一天。

《老學庵筆記》提到：「粥在腹中，暖而宜睡，天下第一樂也。」或許這是宵夜為何選擇清粥小菜的原因。睡覺前吃東西雖然不好消化，但空腹又難以入眠，在冬夜來點溫暖的粥品，的確是人生一大享受。

粥在文化意涵中由於「清」，有返璞歸真之意，也與文人雅士相結合，以前的黨政大老吳稚暉、于右任成立了「中華粥會」，超過百年的粥會每月相見一次，以粥會友，「閒話家常，笑談古今」是粥會的旨趣，清談、清議都是文人間帶著智識的高雅活動。

一碗粥，可複雜可簡單，從泉州傳統的半粥，到廣東式的「糜」，煮法各有不同，其中的料又因為地方有所差異，而且文化傳統中的「養生」也跟隨著粥品變化，就像宋代詩人陸游所說的：

世人個個學長年，不悟長年在目前，我得宛丘平易法，只將食粥致神仙。

返璞歸真的清粥、用料繁複的虱目魚粥或肉粥、文人餐桌上的粥、各個地方小吃的粥，一碗粥，各自表述。

05

碗粿

不同地區，生出豐盛簡樸各異的滋味

麻豆的朋友帶我到麻豆考察碗粿和牛肉湯，我在台南一鄉一鄉考察，希望能夠走訪各處。一大早就到麻豆的市場，朋友推薦我「助仔」，只賣兩樣商品：碗粿和赤肉羹。助仔的碗粿很有彈性，帶著濃厚的米香，相當細緻。

碗粿整齊排好之後，用電風扇降溫，讓碗粿由軟嫩轉為有嚼勁，空氣中飄散著肉燥香。綿綿的口感還有細細的肉末，散發著肉香和紅蔥頭末的香味。麻豆的早午餐從碗粿開始，百年老店用的碗還

台南麻豆的百年老店助仔碗粿，只賣碗粿和赤肉羹。

是六〇年代的紅花瓷碗。

本土小吃本來不太受媒體重視，但在陳水扁當選第一任政黨輪替的總統時開始強調本土化，第一夫人吳淑珍就是麻豆人，而且在二〇〇〇年的總統國宴上，碗粿和虱目魚丸成為餐桌上的菜色，是「四季宴」裡的「夏之育」。本來在一般市場裡的碗粿，開始受到大家的注意。

同樣在台南，麻豆碗粿吃的時候單純只加醬油，味道較為清淡，而在府城的碗粿則是展現大氣的用料，會放進火燒蝦，麻豆則是使用蝦米增加鮮甜。同在台南，一個碗粿，兩種滋味！

甜鹹皆有，口味各異

碗粿有甜有鹹，以糊化過後的米漿加入餡料或糖水，放在碗中炊煮，因為用碗裝，所以稱為「碗粿」，台灣南北都有這種小吃，但是不同族群的作法仍略有差異。

碗粿大約在清領時期傳入台灣。由漳、泉移民帶進台灣的米食文化，在廈門有油蔥粿、香港有缽仔糕，而泉州的碗糕使用的是粳米，而且是以糖發酵，比較像過年時的發糕，而不是台灣的碗粿。廈門同安地區的「碗仔粿」是滿普遍的街頭小吃，作法和樣子都很像台灣的碗粿，應該是台灣碗粿的起源。

製作碗粿的過程雖看似簡單，但其實也挺複雜的，泡米的時間和沖入熱水的量會決定碗粿的彈性，各個工序都要靠經驗。

由於傳入的時間是清領時期，當時漢人移民主要食用在來米，這也成為碗粿的原料，而且要挑一年半到兩年之間的舊米，因為存放過的米會流失水分，磨成米漿之後較有彈性。作家王浩一老師指出，以往碗粿其實是在經濟較富裕地區才會出現的小吃，因為製作碗粿需使用存放至少一年以上的舊米，如果不是富庶的地方，通常不會存放這麼久。大部分店家都有固定的米商，不一定在原產地購買。台南很多地方的碗粿用的是濁水溪米，他們覺得濁水溪的米質好，能夠製作出香氣足夠的碗粿。

北部客家人的碗粿內餡很簡單，不放餡料，只加一點胡椒和鹽來提味，稱為「水粄」，吃的時候再加一點菜脯及醬油膏，另外也有甜的口味。但南部的碗粿只有鹹的口味。

碗粿的餡料有香菇、蛋（鹹鴨蛋、水煮蛋或滷蛋）、豬肉塊。有些店家為了增加奢華感或新意，會加入不同餡料，像是台南的「小西腳碗粿」中有放干貝，「南方米灶」則是用義式香料增添風味。

碗粿中的香菇與肉塊先炒好或滷好，肉的部分煮好或放生肉的比例是一半一半。有一句俗諺說：「阿婆炊碗粿——倒塌。」好吃的碗粿蒸出來後，表面要凹陷才有彈性，不能太平滑，這樣才好吃。

府城碗粿、麻豆碗粿、客家水粄

台南碗粿中，府城碗粿是用肉燥增加香氣，顏色較深。台南有很多小吃都會加入肉燥，是台南味不可或缺的一部分。我喜歡「榺仔林阿全碗粿」，內餡有火燒蝦、蛋黃、瘦豬肉、香菇，相當豐富，而且這些餡料搭配上米香，香氣十分濃郁，再加上醬油膏和蒜泥，讓味道更升級。

另外還有一九四七年就開的「富盛號」，只賣碗粿和魚羹，他們的碗粿是用純在來米磨成細滑米漿製成，特色則是家傳的肉燥香氣，濃郁且有層次，再加上火燒蝦仁和溫體豬肉，因為肉燥的關係，顏色呈現深褐色，而且用的是黑豆醬油，軟硬適中，加上生蒜泥和辣醬，唇齒留香，久久不散！

我吃台南碗粿的時候，都會先用叉子將外皮剖開，讓蒜末、辣椒醬和內餡的肉香、米香混和，而且打開的時候，香氣會飄出來，先深吸一口。「小南碗粿」的料也相當豐富，肉燥和醬香更為濃郁，可以說是最有滋味的碗粿。

我曾經在嘉義住過一段時間，偶爾早上剛起床時，胃口還沒開，會想要有淡淡的米香在嘴裡散開。「西市米糕」是用純米漿炊粿，內餡放滷過的瘦肉，再用油蔥頭提味，淡淡的鹹甜醬汁，讓味覺慢慢地覺醒。

其實，我對於碗粿的認識比較類似嘉義的碗粿。我出身彰化，小時候吃的肉圓都是白白淨淨的，還相當滑嫩，跟台南帶點口感的不同。彰化的「杉行碗粿」，肉餡相當飽滿，白色的粿軟綿綿的，而且相當溼潤，後來才發現彰化的杉行碗粿是從嘉義來的，他們會在在來米漿中加入少許地瓜粉，增加彈性。

客家的水粄也偏向口感軟綿綿。我住在客家地區很久，剛開始對於水粄裡沒有餡料相當不習慣，後來習慣了品嚐淡淡的米香，還有陳年菜脯的味道，也更能欣賞水粄的滋味。

一碗碗粿，不同地區都有各自不同的演繹，豐盛與簡樸，都能在溫暖的碗粿中體會。

06

米糕與油飯

糯米與山珍海味的巧妙搭配

以前小學的時候經常住在慈湖後面的山上，那時還有管制，我記得要回到自己家的時候，憲兵會確認我們是裡面的住民才放行，現在這裡已經開放成百吉林蔭步道，遊客可以自由進出。

到慈湖前，爸爸都會到大溪街上買些東西，或到市場裡走走。在市場中有一間油飯是我記憶中的味道，就是在老街旁菜市場的「游記油飯」。

一間油飯要開超過百年不容易，清末時本來只是拿著扁擔在市場沿街叫賣的油飯攤，後來在日治時代稱為「永樂亭」，買下現在的店舖，有了立足之地。戰後店家拿掉日本味的名字，正名為「游記」。

有一回我到大溪菜市場的時候，發現游記油飯停業了。幸好到二〇二〇年重新營業，現在有時就會專程回味。看著游記油飯準備食材的過程，是用大型的鋁盆製作，大到可以進去洗澡了！

米糕和油飯的不同

台灣的稻米有些地方兩熟（指一年可以收成兩次），多的可以到三熟，因此米食是台灣人的核心主食，點心和甜點也經常用米製作，讓米食呈現出多樣繁複的樣態。閩南和客家對於糯米的作法也不同，客家油飯會將糯米和配料分開，配料一般只有蘿蔔乾、蝦米和爆香的豆干。

很多人搞不清楚油飯與米糕的差別，網路上也經常在戰兩者的差別。有人還說紅蟳米糕下面放的是油飯，也有人說用鐵杯倒扣出來的圓柱體就是米糕，而油飯是散的，其實這些都是顛倒是非。

米糕和油飯同樣都是用糯米做的，但作法稍有不同。前者可以裝在鐵罐、竹筒或是瓷瓶，我見過古法用竹筒製成的「筒仔米糕」，倒扣出來後加上香菜、肉鬆，也有的會加蘿蔔乾。烹飪的方式不同，米糕用炊蒸，而油飯則需要翻炒。

油飯的配料相當豐富，有蝦米、魷魚、香菇……等，有時還可以看到栗子。油飯通常是作為點心食用，而非正餐，所以一般攤位賣的不會太大碗，以免正餐吃不下。米糕則是放進筒型容器中蒸熟，再倒扣出來成圓筒狀，所以有「筒仔」的稱號。

從油飯的配料可以看到結合不同地區的食材。鄰近復興鄉的溫體豬後腿肉、埔里的香菇、濁水溪的米和市場販賣的阿根廷魷魚，還有增加鮮味的文蛤。只點單人份的油飯，看似「筒仔米糕」，難怪讓人傻傻分不清，配上雞卷、藥燉龍骨髓湯，輕鬆地結束飲食考察。

各地的米糕

以往我住在延平北路三段附近，這裡的延三夜市是我很喜歡來的地方，而且一早就有好吃的攤子。「大

古早的筒仔米糕是以竹筒盛裝炊煮，食用前倒扣出來呈現圓筒形，因而得名。

橋頭老牌筒仔米糕」經營了超過半個世紀，可以選肥肉和瘦肉，我一定選肥肉，油脂加上粒粒分明的米糕，吃起來富有彈性。我喜歡米粒與牙齒和舌頭之間的對話，而這間油飯剛好符合我的需求。

彰化是稻米之鄉，也是我的故鄉，有一次阮劇團在員林演藝廳上演陳思宏小說《鬼地方》改編的舞台劇，創辦人汪兆謙邀我去看，我和朋友一起到員林先飲食考察，再看戲。「正老牌謝米糕」是每個員林人從小吃到大的味道，選用濁水溪的糯米，飯煮得剛剛好，米糕不太黏，也不會太鬆。另外點了黑白切，豬舌、菊花肉，各種部位都有。

不過，說起米糕，我還是喜歡台南的，用料豐富，將一碗小小的米糕上升到山珍海味都能遍嚐的滋味。我經常到台南的臺灣文學館演講或審查案子，有時北部相當溼冷，從北部南下覺得台南已經算是溫暖了。乾冷的天氣很適合散步，從車站出來，慢慢走到水仙宮，先來碗米糕。這裡的米糕是用長糯米蒸煮，然後加上肉燥，搭配旗魚鬆、花生和小黃瓜，肉燥的鹹香恰恰好，米糕的米粒分明，很有彈性，旗魚酥和小黃瓜可以吸取油膩感，整體搭配得相當平衡。

台南的沙卡里巴市場有間「榮盛米糕」，已經到了國宴等級，傳承到第三代。老闆說：「我們的米糕有現炒的旗魚鬆，配上台灣產的花生和埔里香菇，肉燥也是手工燉滷，一整朵新鮮香菇鋪排在碗上，就像是個展示品。香菇在舊時代是奢侈品，高貴的食材能吸引客人的食欲，一碗米糕看得到也吃得到『山珍海味』，澎湃又誠意。」

榮盛米糕的糯米採用放超過一季的舊米，所以在蒸炊之後會粒粒分明不軟爛，香菇和糯米香增加了鮮甜感，咬下去有滿滿的湯汁在嘴中散開，土豆也相當飽滿。

彰化員林的正老牌謝米糕，是員林人從小吃到大的一味。

台南米糕的特色還有魚鬆。榮盛的魚鬆是現炒的，綿密卻又鬆軟，魚鬆、肉和糯米三者共同構築出完美的鐵三角。肉燥堪稱是米糕的靈魂，使用分切豬頭肉滷製，吃下去的是塊狀且有彈性的皮角，經過醬油和紅蔥酥的熬煮後，甜香醬鹹，已經不需要甜辣醬了。

一碗米糕就有相當豐富的味道，不需要增添其他調味料，只搭配了醃漬的白蘿蔔。吃幾口米糕，咬一口白蘿蔔，口感清爽，之後再大口大口地吃下整碗米糕，至福的享受。

米糕的美味搭配

大部分的米糕店一大早就開始備料，每間的米粒生熟軟硬不同，有些一早營業到中午過後，或是下午營業至深夜，可以當點心，也可以當主食，搭配小菜，可謂是大家的好朋友。有店面的老店傳承好幾代，有些位在早市的一角，可以看到蒸煮米糕時炊煙裊裊，糯米香飄逸出來十分誘人，旁邊還會有一鍋肉燥，有些搭配水煮花生與其他提香的配料。

筒仔米糕有些會以獨立容器盛裝，其實早期還有陶瓷碗裝的米糕，在台中東勢的「崎頭肉丸筒仔米糕」是用陶碗，放在大蒸籠當中炊煮，而且陶碗的透氣度更好，讓米粒相當飽滿，不會太過軟爛，又能充分讓糯米的香氣飄逸出來。米糕當中有著滿滿的蝦米、肉燥，和其他地方不同之處在於加入了芋頭塊，增添了豐富的芋香。客家庄還會將米糕配上酸菜，一邊吃米糕，搭配清脆的酸菜，讓舌尖與牙齒的咀嚼更加多樣化！

米糕通常搭配的是四神湯或魚丸湯，山珍海味都可以；筒仔米糕則大部分都喝紅燒排骨酥湯或苦瓜清湯，看客人是要解膩，還是要讓口腔的氣味更加濃郁。

對我來說，一開始會先吃原味糯米飯，避開配料和肉燥，先品嚐單純的糯米香，之後加上肉燥一起吃。如果是吃南部米糕，下一口就可以配點魚鬆，接著則是配醬汁，最後再全部混一起吃。

從簡單到豐盛，小小碗的米糕，什麼都有！

07

粽子

連結到端午的記憶

每到端午節，台灣人一定會開始戰南北，各自擁護自己家鄉的粽子，還有人說：「北部粽是三D油飯；南部粽像鼻涕。」南北粽各有愛好者，「南煮北蒸」是最大的區別。

北部粽一般是以桂竹葉的乾葉來包粽子，外觀呈現棕黃，有點斑點，餡料為香菇、蝦米、紅蔥頭和五花肉，會被說成油飯的原因在於糯米飯粒粒分明。

南部粽則用月桃葉和麻竹葉，外觀呈現深綠色，而且有香氣，一般用的餡料是香菇、五花肉、魷魚、栗子、花生和蛋黃，由於是用蒸的，口感較為黏稠。

粽子不只南北之分

其實台灣的粽子不只南北，用葉子來包裹糯米是東南亞很常見的飲食習慣，像是「荷葉飯」或是「荷葉粉蒸肉」都是，台灣的客家族群還有野薑花粽，在新竹內灣，野薑花粽會加入黑豬肉、香菇和醃漬的蘿蔔乾，糯米蒸熟以後，野薑花的葉香會滲入飯之中。我喜歡內灣的「澎老師野薑花粽」，用的是台灣的壽司米，比起糯米更粒粒分明，內餡有豬肉、香菇、菜脯、蝦米、油蔥酥及淡淡胡椒香，味道和口感都相當美味。

台灣在二次世界大戰之後增加了相當多外省族群，也將中國各地的粽子帶來，五花八門，各種味道也不同，有甜有鹹。中秋節之前，台北的南門市場有很多賣粽子的老店，這裡的湖州粽是長條狀的，口感往往入口即化。

台北的南門市場每到端午就到處可見長條的湖州粽。

原住民族群像是排灣、魯凱和卑南族，也有類似粽子的食物，叫做「阿拜」（Abay），是用糯米、小米和芋頭粉混和，內餡包入花生和豬肉，以月桃葉包裹，再用繩子綁呈長條狀，用滾水煮熟。由於內層會包上可以吃的「假酸漿葉」，所以吃了阿拜不會脹氣。

粽子與端午的連結

至於吃粽子的由來，每年在台灣的端午節都有划龍舟的習俗，相傳是春秋楚國的詩人屈原投江自殺，因為他愛國卻又悲憤而死，楚國人懷念他，擔心肉身被魚啃食，以竹筒貯米投水祭之，並且划舟擊鼓嚇跑魚群。然而，這樣的說法最早在南北朝時代，離屈原的時代已經快要千年。

但竹筒飯和現在的粽子顯然不是同一種東西，而且記錄中也沒有提到龍舟。聞一多先生曾經對端午做過考證，他認為「龍舟競渡」和「吃粽子」的習俗都和「龍」有關，可以追溯到春秋戰國的吳、越兩個國家，兩者都崇拜龍，而「競渡」的活動在越王勾踐的史料中也可以見到。

由於農曆五月是節氣轉換的時候，開始有瘴癘和毒蟲的出現，端午有很多習俗是在於消災去毒，防止疾病的產生，南方楚地會採艾草或用菖蒲酒來防止疫病，從《荊楚歲時記》中就可以看到南方有「是日競渡採雜藥」的習俗。

為了防止疫病，除祭祀以外也有相關食品，南方是用粽葉或荷葉包裹糯米，這種飲食方式符合當地原來的生活，很多文獻也記載了南方以菰葉包裹黏米煮熟，叫做「角黍」，並開始有粽子的稱呼。

端午節是從中國移來的習俗，但用以訛傳訛的方式成為了我們記憶的一部分。其實端午節習俗不只吃粽子，我是鹿港人，端午節還要吃煎堆。煎堆是以麵粉加糖，再加上糯米粉、韭菜、豆芽菜和蔥，看似蔥油餅，但吃起來像煎餅。

鹿港人要「祭天」，因為梅雨季，端午節通常是在出梅的時候，以前吃這個有補天的意思，希望不要再下雨。

習俗通常伴隨著我們的生活經驗，對於大部分台灣人而言，屈原會成為我們記憶中的人，主要是以前國民黨教育中強調愛國教育，為國而死，因此將殘缺的歷史故事，轉成為我們的記憶。

從粽子了解台灣的豐饒

對台灣人而言，粽子戰南北，才是呈現南北台灣人不同的生活經驗。南北粽各有優點，端看每個人的喜好，從一顆粽子就可以了解台灣豐饒土地的物產，像是粽子的糯米分為長糯米與圓糯米，當圓糯米比例較高時，口感就會比較黏，就是南部人較喜歡的粽子口味。而糯米主要產在彰化、台南和雲林，讓粽子充滿香氣的花生也主要種在雲林，花生不大卻也是幫粽子畫龍點睛不可或缺的味道。

讓粽子有鮮味的香菇，主要產在宜蘭、新竹、台中和南投山區，從粽子中可以吃到台灣平原與山地的風土。另外，讓粽子有迷人香氣的紅蔥頭幾乎都來自台南沿海地區，這股香氣還帶著海風與陽光的味道，讓粽子的滋味更加迷人。

在北海岸的石門，一路上都可以看到肉粽店，這裡本來主要販賣油飯和麻油雞，為的是給十八王公廟的王公們去除寒氣，而且據說用熟食祭拜較為靈驗。後來一九六八年退伍返鄉的「劉家肉粽」老闆劉國勝想吸引前來參拜的信眾，改賣肉粽，沒想鄉民們跟著賣，每家都用自己的姓取店名，全盛時期高達五十幾家。

劉家肉粽以往較小顆，相當便宜，現在各種口味都有，企業化經營，北部很多地方都有。

我喜歡逛台北的延三夜市，「阿欉大橋頭肉粽」只有晚上才賣，而且只賣魚丸湯和肉粽，除了香菇、豬肉、蛋黃和栗子以外，我覺得讓味道更上一層的是蒜蓉豬油和甜辣醬。另外，附近寧夏夜市的「阿桐阿寶四神湯」，經典的四神湯之外，還配上肉粽，可以從糯米之中感受到一起拌炒的紅蔥頭香氣。

我也喜歡南部的菜粽，據說這是台南五條港工人的「食粗飽早餐」，一早就要被菜粽餵飽才能上工。花生菜粽的成分僅有長糯米、花生，加上調合油、些許鹽巴調味，雖然簡單但可以完整展現糯米的香氣。花生菜粽裡並無蔬菜，「菜」其實是素食的台語發音「tshài」。台南友愛市場裡的「郭家粽」已經超過七十年歷史，是

友愛市場的「郭家粽」是有七十年歷史的老店，其菜粽帶有月桃葉的香氣。

知名的南部粽，醬油膏、花生與香菜，一看到桌上滿滿的月桃葉，難怪這糯米有著月桃葉的香氣。而且搭配上味噌湯，雖然是戰後的七十年老店，還繼承著台灣人的日式味覺。

說起台南的粽子店，「再發號八寶肉粽」超過一百五十年的歷史，用桂竹葉和麻竹葉將長糯米的香氣緊緊鎖在粽子裡，三款肉粽都相當美味，有經典款的「肉粽」、加入扁魚酥及干貝等八樣料的「八寶粽」，還有加入鮑魚干貝等十一樣料的「海鮮特製八寶粽」，所有好的食材跟糯米一起蒸煮，汁液混合著米香和鮮甜的香氣，讓吃肉粽也感覺到奢侈。

我也喜歡去南門市場買粽子，裡面有各種粽子，其中有天下第一攤的「億長御坊」，專做熟食，剛開始只賣江浙菜，後來研發出各種菜色，台灣的北部粽也做得好。油蔥酥是北部粽的靈魂，要用新鮮的紅蔥頭炸成油蔥酥，億長御坊的用料採用銀川的長糯米、中央畜牧場的五花肉、鹹蛋黃、蝦米、香菇，用料豐富，而且彼此之間相當平衡，一打開粽葉就聞到香氣，糯米維持著北部粽粒粒分明的樣子，咀嚼起來相當享受。

南門市場各種粽子都有，很多早期來自中國的移民也將不同粽子的文化帶來，像是湖州粽，與一般台灣三角狀的粽子不同，呈現長條形柱狀，又有枕頭粽之稱。外面的粽葉會用大量清水清洗，以溼葉包裹餡料；米飯用圓糯米，而且不能用新米，至少要放過一年，這樣煮出的粽子會帶有口感且不過於軟爛。

端午節的時候，南門市場人山人海，湖州粽的份量相當充足。由於以往的蔣介石和蔣經國總統都是江浙人，喜歡湖州粽，「南園食品」知名的「總統粽」有完整飽滿的蛋黃，深受喜愛。

我也喜歡台北大安區信維市場二樓的「四喜肉粽」，相當道地，飄香超過半個世紀，每日手工現包現炊，有時晚一點去就吃不到，四喜肉粽的美味祕密在於肥肉肥瘦適中，飽滿又帶有香味，吃了相當過癮。

台灣繼承了不同的「粽子」文化，從本來原住民的飲食習慣，閩粵漢人、還有後來外省移民，讓我們有好多種不同的粽子。從台灣各地不同的食材將多樣化的粽子組合起來，又隨著南部與北部民眾喜好的不同，讓我們的端午節記憶不再是遙遠且模糊的屈原，而是香氣且飽足感濃厚的粽子。

08

切仔麵與擔仔麵

一碗麵，北中南的不同演繹

小時候我經常跟爸爸到鹿港的市場去買魚丸、蝦丸，鹿港的市場被滿滿的海味所浸染。我看到「摵仔麵」，問爸爸那是什麼字，他笑笑地說那就是「切仔麵」，鹿港人創造了一個新的字。

「切仔」要用台語發音，將油麵放進竹編小簍，燒開的水燙過一段時間之後，掌握分寸，然後在麵條熟度最適合的時候起鍋，而笊籬中的麵條，在開水中上下運動的聲音，還有起鍋時竹簍輕輕將水瀝乾的聲音，就是「切仔」。本應稱為「摵仔麵」，笊籬的台語叫做「麵摵仔」，將麵放在「摵仔」之中，用力搖晃一下就可以放入碗內，這樣的動作台語稱為「摵」。台南人則稱為「擔仔麵」，用挑擔來命名。

鹿港的切仔麵

鹿港為了切仔麵特別創造了一個字，展現在生活中的特別之處，而且和其他地方的切仔麵也不同。除了麵不同，也強調用料的豐富，全台灣只有鹿港的切仔麵堪稱最豐富！

公有市場的「黑松趮仔麵」將近七十年歷史，每天都大排長龍，仍然使用竹麵杓，而且是用大骨熬的高湯。鹿港雖然是台灣早期開發的城市，但以米食為主，麵食以往不是大家常吃的主食，日治時代的麵攤，大多是從泉州來的大戶人家中的廚師，辭退了以後在市場擺攤，從熬煮高湯到下麵的技巧，都考驗著市場的接受度。

二次戰後，台灣因為美援，麵粉的供給大量增加，吃麵不是難事，但在鹿港的切仔麵會配上蝦丸和魚丸等手工製作的丸子，每個都相當費工，最特別之處在於「磅皮」，是將豬皮處理和油炸後的食物，吃起來宛如鮸魚肚的口感。鹿港的麵攤會特別製作磅皮，相當費工，是用便宜的食材、複雜的程序做出不凡的口感。我每次在鹿港的麵攤都有選擇困難，太多配料，而且每個都需要花很久的工序，可以感覺到小小麵攤中的無盡世界。

台南的擔仔麵

同樣是古都的台南，接觸擔仔麵的時間更早。從記錄上來看，很多日治時期的詩人就吟詠過擔仔麵，像是黃純青的詩句：「大月行船小月休，一肩美味販街頭，台南擔麵垂涎久，兩碗初嘗素怨酬。」

這裡說的是台南的「度小月」，起源有一說是其祖先洪芋頭從福建來台定居後，本來是漁民，後來靠擺渡撐小船搬運貨物。度小月創辦於一八九五年，剛好是日本統治台灣的同一年。

從清明到中秋，台灣的漁民由於颱風季的關係，在沒有現代預報系統的清國時期，漁民無法出海，將此一時期稱為「小月」。

為了貼補家用，在小月的時候要尋找其他工作來度過，餐飲的工作門檻較低，洪芋頭在麵攤前懸掛一盞燈籠，上面寫著「度小月」，其中最為核心的肉燥、蝦湯和麵是從福建的飲食文化而來。福建有種「沙茶麵」，湯底用蝦子熬煮，跟度小月關鍵的「蝦湯」有類似之處。沙茶湯用蝦頭和其他佐料製成，也是沙茶麵的關鍵。

擔仔麵提味的肉燥每家都不同，度小月提到他們獨門的肉燥是來自洪芋頭的母親出身大戶人家，有機會吃到較好的食材，對於豬肉也相當挑剔，因此用瘦肉作為擔仔麵的食材。

現在台南水仙宮附近很多小吃，日治時代也提到擔仔麵在晚上可以吃到，黃服五有詩〈吃擔仔麵〉：「水仙宮口夜來時，印醋蝦羹切麵宜，恰好衛生兼爽口，黑田夢到日遲遲。」

連雅堂也有提到台南的擔仔麵：

> 台南點心之多，屈指難數，市面上有所謂「擔麵」者，全台人士靡之知之。麵與平常同，食時以熱湯芼之，下置鮮蔬，和以肉俎、蝦汁、摻以烏醋、胡椒，熱氣上騰，香聞鼻觀。

日治時代就已經很多文人雅士提到度小月，當時任職於《興南新聞》的陳逢源提到：

台南有名的擔仔麵，是台灣點心裡最頂尖的。擔仔麵以台灣的素麵、米粉做主要的的原料，用豬皮、蝦、蒜蓉、冬荷菜等為副原料……往時水仙宮有一人名叫「芋頭」，其所賣擔仔麵最是有名，與其說賣麵，倒不如說他是一位藝術表演的人，若材料不夠他就不賣了……芋頭賣的擔仔麵是各種紳士、商賈皆可大方、自然地在夜燈下去吃的，將之作為晚上的點心，有時甚至會出現文人墨客在其中。

擔仔麵和切仔麵的不同

很多人分不大清楚擔仔麵和切仔麵的差別。度小月擔仔麵的核心在於「吃巧不吃飽」，每碗的分量都不多，但都能留下深刻的印象。而且喜歡吃擔仔麵的人，喜歡的是氣氛。日治時代的詩人楊乃胡曾經寫過關於度小月的詩，就提到在昏黃的燈光下感受市井氣氛的場景。

度小月一開始由創辦人洪芋頭經營，後來傳給第二代的洪舉在和洪再來兩兄弟。洪舉在這一系在民國五十九年註冊了商標，但後來法令只能限於商品，而服務標章「度小月」被二房洪再來申請註冊，洪舉在這一系改名為「洪芋頭擔仔麵」，系出同門，但因為商標的差異才有不同的名稱。

現在市面上，還是以度小月的擔仔麵聞名，主因在於第三代洪振銘的努力，除了傳承祖傳祕方，還讓度小月名聞遐邇。洪振銘畢生專注在擔仔麵，台南人都認定中正路的度小月，因為別家的技術沒有深刻的基本功，而且對於熟客都會客製化口味，多一點蒜味、酸味，要不要豆菜，都是一碗擔仔麵好吃的關鍵。洪振銘帶著職人的精神，一輩子做好一家店，隨著第四代接班，加上之前在連鎖超商學習的經驗，開始將祖傳的味道傳到各地。

我有待過很多地方的生活經驗，才知道台灣切仔麵的身世有各種說法，從鹿港、台南到台北。

在還沒有米其林評鑑的時代，我住台北二十年，早午餐會到大稻埕附近尋食。「賣麵炎仔」和雙連的「阿國」、「阿城」切仔麵，都是我會去的麵攤。網路上有人說是台北市三大切仔麵，其實台北接觸如此麵食的歷史短，雖然賣麵炎仔美味，但稱不上老味道。

切仔麵在北部

台北的切仔麵特色是麵潤、醬甜和油蔥香，我通常會點湯麵。賣麵炎仔用雞、三層肉、內臟為湯底，再配上油麵條、韭菜、豆芽菜，灑上增加味覺層次的豬油渣，讓口腔和舌頭都有飽滿的感覺。

新北的蘆洲堪稱切仔麵大本營，市中心大廟附近滿滿的切仔麵，其中有好幾系，「阿郎」與「添丁」都是「楊萬寶」一系。阿郎的湯頭和賣麵炎仔略為混濁的不同，湯頭清淡，用豬大骨和三層肉熬煮，特別之處還在於加了蘋果、洋蔥和其他香料，更加清甜甘美。

據傳蘆洲最早的切仔麵是周烏豬在二次大戰之前於湧蓮寺附近販賣，但戰爭爆發，原料無法取得。戰後，楊萬寶從南洋當兵回來，他在戰前就跟周烏豬學過切仔麵的技術，開始設攤，堅持用原味食材熬煮湯頭，不用味精，因此味道甘美，極受附近居民歡迎，後來逐漸開枝散葉在今天北部的八里、五股、大直、三重等地，像是「大廟口切仔麵」、「台北豬屠口切仔麵」、「添丁切仔麵」和「阿朝切仔麵」，都出自楊萬寶一系。

切仔麵和擔仔麵都用黃（鹼）麵，但切仔麵以往常作為勞動階層的早餐或午餐，分量相當充足，所以能在蘆洲和新北的移民城市傳播開來。這裡以往居住者大部分是勞動階層。南部人的擔仔麵分量不多，都當作點心食用，而鹿港人則是加入更多豐富配料，讓吃切仔麵也能成為豐盛的一餐。

切仔麵大多用豬大骨和五花肉作湯頭，還會放上豬腿後腱的「老鼠肉」，但是南部人喜歡海味，擔仔麵會用蝦頭和蝦殼熬出鮮味，再用蒜泥綜合，然後火燒蝦一定要放在小小的麵體之上，黃色的麵和紅色的蝦子，再搭配上肉燥，色香味俱全！

一碗麵，北中南各有不同的演繹，也象徵了每個地方不同的性格與文化！

有台北三大切仔麵稱號之一的阿國切仔麵。

蘆洲的湧蓮寺是切仔麵店密度最高的一區，其中的添丁切仔麵湯頭甘甜清淡，也是傳承自楊萬寶這一系。

09 客家粄食

豐富米食的無限可能

前幾年有位立委在立法院質詢的時候，曾詢問客家委員會的官員：「浪漫台三線是哪三條線？」頓時成為網路瘋傳的笑話。其實台三線公路是從台北開始，沿著台灣的丘陵開設，俗稱「內山公路」，沿途所經大部分是客家族群生活的地方。近幾年政府和民間推動「浪漫台三線」旅行，並且舉辦藝術季，讓客家的生活型態和智慧為人所熟知。

除此之外，傳統的飲食文化也轉變成新興的文化創意。有一次我到北埔考察「春嬌粄條」，整間店像是文青咖啡店，其中的「粄條手卷」最為特別，用粄條來包裹新鮮的芽菜，除了有粄條的口感，還吃得到清新的小黃瓜、蘋果。

再點了碗肉燥粄條，滷肉配上自家製的油蔥，還有芹菜、香菜、小農的韭菜、有機豆芽，氣味濃厚，香氣十足。又點了一道「桔醬不見天」，用的是本地黑豬，有熟成過，所以肉的風味十足又相當軟嫩，然後要配上特調的桔醬，將肉的油汁混和桔醬的酸甜，堪稱完美。

將傳統的客家風味結合新式的烹調手法，並且結合當地的物產和有機的概念，既有傳統的客家飲食文化，又有新式的概念。

粄食是客家米食文化很重要的一環，除了可以吃鹹的，也可以吃甜的，我曾經到過橫山的「晌午粄食」，同時有甜和鹹的粄食。

客家族群在山區，養蜂也是重要的產業，蜜蜂的花蜜來自橫山的花朵，所以甜味相當豐富，將蜂蜜與粄食結合，利用橫山與芎林生產的蓬萊米，加入南部的圓糯米和外來的在來米，吃進橫山的甜味，也感受到粄食的口感。

除了新式的粄食，也有些店就靜靜地開在那裡，一開五十年，當你想要嚐記憶中的那個味道時，它就還在那裡。

從小我在中壢長大，以前的公有市場因為有一座大時鐘，所以老中壢人都將公有市場稱作「大時鐘」，裡面有很多老商家。後來因為重新整修，房子雖然蓋得新穎，但原來的店家都回不去了，徒增一座新式而無用的建築。大時鐘的對面，走過長長的巷子，有間阿婆麵店開業超過五十年，從以前還沒有樓房的時候就在了，我習慣在中央大學下課後，有點飢餓感時來碗粄條和豬頭肉。最早賣豬頭肉時是整個豬頭擺在麵店前面，然後看客人需要直接切，但現在的客人不大習慣看到門口有一隻豬頭。

客家的集體記憶

老店吃的是記憶中那碗不變的粄食，而粄食也是客家人的集體記憶。米食是客家飲食文化的核心，展現了台灣客家人的生活經驗，還有地理環境的影響。有學者指出，米食不僅貫穿了台灣客家人日常的生活，更建構出共同的記憶。

從米食的種類來說，影響台灣客家飲食的有在來米、蓬萊米和糯米三種，按照各種米的特性，磨成漿之後透過比例的調整，製作出不同的粄食。

客家粄相當多，而且有時他們也不大清楚有多少粄，所以還發展出順口溜方便記憶，所謂的「客家粄十唸」：「油椎仔（頭椎）、糍粑（二粑）年糕、鹹

客家米食既傳統又創新，例如在春嬌粄條店可以嚐到傳統常見的肉燥粄條，也有創新的粄條手卷。

甜粄、花生粄、紅豆粄（三甜飯），湯圓、元宵、粄圓、雪圓（四惜圓），菜包、地瓜菜包、艾草菜包、甜包（五包），米粽、粄粽、粳粽、甜粽（六粄），水粄仔（七碗粄），米苔目、米篩目、河粉（八摸挲），九層粄、粄條（九層糕）、紅粄、龜粄、長錢粄、新丁粄（十紅桃）」等。

至於什麼時候吃什麼粄也有學問，以往農業社會按照節慶和文化習俗吃不同的粄食。過年是一年最重要的時刻，從農曆的十二月底就要開始準備過年的粄食，像是發粄、菜頭粄、肉粄、甜粄。發粄因為有發財之意，和閩南人準備發糕的概念相同，希望新的一年可以發大財。

中壢的客家粄食種類繁多，如草綠色的艾草菜包和白色菜包是客家人熟悉的味道。

過年到元宵節結束，在元宵節那天客家人會做菜包，利用當地產的月桃葉和香蕉葉來包裹，菜包的內餡用新鮮蘿蔔絲做的最好吃，有時候會用曬過和風乾的蘿蔔絲，另外再加上香菇、蝦米、豆干和豬肉增加香氣。

現在不只是過年吃菜包，客家菜包以往都比較大顆，吃了一顆就吃不下其他東西。我經常光顧的中壢劉媽媽菜包，旁邊還有三角店菜包，兩家店相鄰，而且都開二十四小時，一年三百六十五天都開著，可見菜包的生意有多好。然而，為了符合現在人的生活習慣，菜包都做得比較小，而且還有各種新的口味。

搭配不同節日的不同米食

元宵的時候，客家人也會製作新丁粄。現在台中東勢在元宵時還有新丁粄的節慶，一般閩南人看到會以為是紅龜粿，新丁粄上的文字寫著「財子壽」和「福祿壽」，紅龜粿上面則是寫「壽」，以內餡來看，前者包的是花豆，後者是紅豆。新丁粄主要是當家裡「添丁」時，祭祀以後可分送給親朋好友，期望孩子順利平安成長。

清明節的時候，除了要準備三牲等供品，還要準備艾粄。由於清明節時盛產艾草，艾草可以除晦，在中醫又有去除溼熱的作用，所以客家人會利用艾草做成菜包。

端午節時，台灣的網路上經常在戰南北粽，那客家人吃什麼呢？客家人的粽子經常被說成3D油飯，但我覺得客家粽最大的特色是粄粽，不是用米飯，而是用米漿做成的粄團再包入餡料，另外還有鹼粽，是將糯米浸泡在竹殼葉提煉出的鹼油再捏製而成，傳統口味不放餡料，食用時沾果糖、白糖或黑糖。

客家人由於生活在丘陵地區，芋頭也是重要農產品。中秋節時芋頭盛產，在南部會用芋頭做成芋粄，在七月半時當作祭品給好兄弟享用，東勢和石岡的「喇崎粄」也是用芋頭做的。

節令到了冬至，天氣漸冷，閩南人吃湯圓，客家人則是吃粄圓，有團圓之意。除了冬至吃，客家人遇到喜事也會吃粄圓，在喜宴前讓大家吃甜、鹹粄圓。

客家鹹粄圓和湯圓不同，沒有包餡，用蝦米、肉絲和香菇爆香後做為配料，另外再加入客家味道的核心——韭菜，讓整體香氣蓬勃，有些再加入香菜讓味道更為豐富，冬天吃，暖心又香氣四溢。

一年四季各有不同的粄食，除此之外，客家人重米食，從主食到甜點都有粄食的影子，像是「牛汶水」，因為形狀像是牛泡在水裡而得名，作法有點像粄圓，最後揉成一個扁的圓形，然後中間壓進去呈現凹陷狀。丟入水中煮熟之後，淋上黑糖和薑熬煮的糖水，灑上花生粉增加香氣和口感。

從傳統到創新，從歲時節令到日常生活，粄食從以前到現在，順應台灣這塊土地的地理和文化，成為客家人不可或缺的食物，在新時代也發展出結合創意的粄食文化。

客家湯圓中會加入客家味的核心——韭菜。

PART 2

台灣鮮味

島內風土滋養出的山珍，
島外鹹水孕育出的海味，
在各地餐桌上，
展現出鮮甜與富足的滋味。

10

白斬雞

深入每個人家裡的單純美味

小時候看到家裡拜拜要準備三牲，其中一定有白斬雞。父親會在年節時特別去買土雞，因為是要給祖先吃，買飼料雞會過意不去。而且，拜拜的雞要用「煠」（用台語唸音近「撒」）的，要用滾水川燙過的意思，之後再簡單用油和鹽調味，和我們在餐廳看到的白斬雞作法相似，只不過每一家的手藝和方法略有不同。

父親不只買土雞，還自己養。他很喜歡養雞，也喜歡山林和田野，所以賺了一些錢之後就買了山坡地，在山上養雞。放山雞在山上跑，晚上會回到自己的雞舍，每一隻雞都相當精壯，而且我們每天都會喝雞湯，單單純純地燉煮，可以喝到雞肉的甜味鮮美。

後來我在外面喝的雞湯都覺得有股腥味，感覺得出來是飼料養的雞，而且肉質口感和家裡的純放山雞不同，沒有越咀嚼越有甜味的清新。

台灣人用白斬雞祭祀的習慣，從記錄上來看，在一九三五年日本人留下的《台灣農民生活考》就有提到，以往農業社會，雞是每家必備的家禽，只有在祭祀後，全家才可以大快朵頤，打打牙祭。

對日本人而言，他們不大會吃食物的原形，即使生魚片上桌也已經看不到原形，像台灣人在餐桌上將整隻雞或魚端上來，會讓他們驚訝。而餐桌上的食物和祭祀有很大的關係，台灣的客家人、閩南人和外省族群都會吃白斬雞，主要跟華人祭祖用的三牲有關係，所以白斬雞算是國民雞，深入每個人的家中。

簡單又複雜的白斬雞

白斬雞看似簡單，但每一個部分都是功夫。白斬雞講究單純，吃雞肉從一開始的育種、飼養時間、飼料和雞的居住空間就要嚴格把關，而這也是台灣的白斬雞和其他地方不同之處。

我們先來看看上海的「三黃雞」和新加坡的「海南雞」。

上海菜當中的「三黃雞」採用上海的地雞，什麼是「三黃」呢？毛黃、嘴黃、腳黃，而且要的是「九斤黃」，差不多四公斤半的雞，是所謂的「騸雞」。台灣的白斬雞餐廳大約選用一公斤半的雞，如此重的雞少見，只有閹雞才有可能，台灣的客家庄閹雞也有如此體型的雞隻。

但「三黃雞」講究口感要軟，而且吃起來鮮嫩且滑，這與台灣白斬雞的口感不同。由於是土雞的關係，白斬雞很有嚼勁。海南雞也是水煮或蒸過，但沾醬不同，與白斬雞最大的差異也在口感。海南雞的體型不大，一起吃的飯也用雞汁調味，白飯配上軟嫩的海南雞，兩者是一組的，缺一不可。

白斬雞不像「三黃雞」有固定的品種，現在台灣有不同品種的雞都可以製作白斬雞，像是南投中寮福壽農場養殖的黑羽土雞，農場腹地相當大，雞隻的生存空間也充裕，每隻雞平均有四坪的生活空間，雞吃的是牧草，還添加中藥幫助身強體壯。

另外還有致力於台灣雞隻分級制度的「桂丁雞」。為什麼叫「桂丁」呢？這是因為凱馨實業的總經理鄧學凱，為了感恩早年頂呱呱創辦人史桂丁的知遇之恩，讓他了解到如何鑑別雛雞的性別，特別將之命名為「桂丁」雞。

桂丁雞想要學習法國的布列斯雞，創造「土雞分級制度」，從成長天數和飼養分數加以分級：C級是十週以下的飼養期，通常用於西式料理，肉質較滑嫩；E級的是十到十四週，雞肉具備更豐富的香氣，肉質也更有嚼勁；S級的則是十四週以上，香氣十足，更有韌性。

另外像是復古台菜「山海樓」的雞，採用的是「古早雞」，體型小巧，羽毛呈現金黃色，養殖期要到十四到十五週，然而由於體型較小，比較不符合成本。但因為永豐餘想要復育台灣早期的放山雞，牠們肉質結實且皮下脂肪較厚，野生放養且完全沒有腥味。

台灣的白斬雞製作

台灣白斬雞的飼養期間都超過一百二十天，有些甚至可以到半年，為的就是要讓雞肉本身的香氣濃郁，可以直接吃原味，而且作法也要循著展現原味的方式，才能在上桌時感受到肉質甜美。

要吃白斬雞，一開始就要清理雞毛。用熱水燙過以後，將一根根雞毛挑出，有如手工業一般。接著放進滾水中川燙，但燙的時間依據不同的提味會有差異。接著再燜，每一個師傅根據雞隻品種不同，會有不同的燜煮時間，那是在漫漫嘗試中實驗出來的結晶。

煮好的雞不能直接切開，那會使裡面的肉汁和膠質喪失，一般都會吊著通風讓它涼透，厲害的師傅會讓皮肉之間產生的油凍潤滑可口。

接下來則是「斬」的功夫，白斬雞之所以要斬，就是要剁下去之後的大小得宜，切面漂亮，而且皮和肉汁間的比例得宜，刀工俐落需要功夫，每塊肉乾乾淨淨、沒有肉末，而且也不會皮肉分離。整隻雞在師傅的眼中，按照比例下刀，最後成就上桌的平衡。好吃的白斬雞要骨頭帶點血，雞肉上不能沾血，骨頭帶點血剛好，雞肉上沾了血就太過，會讓雞肉難以咀嚼。

白斬雞講究工法，不管是用清湯或雞湯煮，還是抹鹽或用酒提味，煮的時間從二十分到一個小時不等，精細地推敲每個時間會產生出什麼不同的味道，完全是在考驗舌尖的細緻度。

餐廳當中的白斬雞

經典台菜中有道「七仙女」，是台菜館第一道出場的菜，一定要讓人驚豔。陳靜宜在《臺味：從番薯糜到紅蟳米糕》中提到，酒家菜中的第一道菜「七仙女」，中間有個大圓盤，周圍擺上六樣菜，玲瑯滿目，滷牛腱、白斬雞、海蜇皮、烏魚子、涼拌鴨舌和火腿……應有盡有。

除了山珍海味，「七仙女」還要展示各種煮法，涼拌、滷味、生食，還有蒸、煮的，其中要掌握火侯的「蒸」和「煮」就是白斬雞。要讓雞肉不會過於乾澀，也不會太過軟爛，需要的就是師傅的功夫。

台北有不少的台菜店，像「欣葉」的白斬雞，雖然以「鹽水雞」為名，卻是不折不扣的白斬雞，採用台東的黑羽土雞，單純以滾水煮過，三進三出沸水，使得體內和外表的受熱均勻，然後小火燜煮三十分鐘，再放在平盤上降溫，和一般吊掛的方式不同。

至於傳承三代的「茂園」則有祕密的方式，從進貨到調理，都有獨門祕技。茂園烹煮白斬雞不在自家廚房，而在附近傳統市場的攤位中，在土雞進貨的第一刻就烹煮，除了把握鮮味以外，也是因為自家廚房放不下烹煮土雞的大鍋。烹煮白斬雞一定要用大鍋，要好多隻緊貼著烹煮，讓雞汁的風味鎖在其中。而茂園的白斬雞特別之處，就是有濃濃的肉凍鎖在雞皮與雞肉之間，看了就讓人食指大動。

在山上還有鄉間的白斬雞，很多在土雞城販賣，看得到的雞也吃得到，剛剛還在漫步的土雞，過一陣子就成了盤中飧，直接享用原味。土雞城的白斬雞往往肉質厚實，而

茂園的白斬雞特色在於皮肉之間有滑潤的肉凍，看得出廚師的功夫。

且帶有咀嚼感，越咀嚼越有滋有味。陽明山上的「松竹園」用的是自家的土雞，苗栗仙山的「仙山農園」、三義「土雞城」，是吃玉米的放山土雞，皮黃且厚，大塊吃肉可以咀嚼到來自土地的味道。各地土雞城的白斬雞，都是當地風土飼育而成的天地精華。

白斬雞是簡單中有複雜味，而且隨著我們現代飲食調味越來越繁重，更能顯出它單純的美好。

吃玉米的放山雞往往皮黃肉厚，充滿當地風土的滋味。

11

刈包
跨越東西文化的虎咬豬

以前在台大讀書的時候，三、四點下課，還沒到晚餐的時間，肚子已經有點餓了，會到大學買個藍家刈包，餅皮柔軟好入口，又不會蒸得太過軟爛，中間的那塊肉不只有三層肉的肥肉可以選擇，還可以選綜合偏肥，或是偏瘦，也可以選擇瘦肉。

藍家的特色不僅在肉和餅皮，還在於香氣十足的花生粉，配上客家的酸菜，還會加上芫荽，聽說一天要準備兩千顆。從我的學生時代開始，現在每次經過大學口，很多店家都跟以往不同了，但藍家仍然大排長龍，竟然還被米其林指南推薦，每次想感受大學的回憶時，都會走到藍家。

前幾年我跟政府代表團到倫敦出差的時候，發現在英國知名的拉麵連鎖店

Wagamama，除了賣日式的拉麵，也賣Bao，這唸起來像「包」的就是刈包，和拉麵一起賣；紐約曼哈頓的Momofuku也是結合兩者，混和著不同的飲食文化。

除此之外，也有台灣女孩張爾宬和港裔華僑的老公一起在東倫敦開的刈包店，大大的招牌上面就寫著「Bao」，比較像是台味的刈包，連在倫敦也進入了米其林必比登的名單當中。

在世界不同的地方，像是北卡羅來納，或是溫哥華、東京，從東方到西方都有著刈包的痕跡，為什麼這樣的食物會風靡全球呢？

對於世界各地的人來說，用麵皮夾著肉都是飲食文化的一部分，像是：漢堡、三明治、越南法國麵包、貝果、肉夾饃……存在不同的文化中，而且都是帶有種隨意和自在、簡單就可以入口的街邊小食。

從三明治的起源來看

其實漢堡和三明治的起源還有點關係，一七六二年十一月二十四日，吉朋寫羅馬帝國的衰落寫得太累時，前往倫敦的一家俱樂部，吃了一份由當時三明治伯爵（John Montagu, 4th Earl of Sandwich）所發明的「三明治」。這大概是最早關於三明治的記載，或許三明治還有更早的起源，畢竟幾片麵包夾著餡料的作法應該不太難想到。

三明治的作法和漢堡有著異曲同工之妙，而以兩塊圓麵包夾著碎牛肉餅的這種食物起源比起三明治來得晚。三明治大概在十八世紀晚期在倫敦出版的食譜書當中就有介紹了，三明治的餡料相當多元，不只牛肉，蟹肉、魚肉、蝦子和香腸等都可以。

最早的刈包記錄

刈包會在不同世界中傳播，與各種飲食文化中都有麵皮夾肉的相似吃法有關，台灣最早關於刈包的記錄在哪呢？從一九二七年黃旺成的日記中發現，當時還是稱作「虎咬豬」，而且是特別在尾牙的時候用以慰勞勞工。

「虎咬豬」的說法很明顯來自福建。有一次我到金門開學術研討會，同時進行飲食的考察。金門的刈包在請客的場合很常見，蹄膀和刈包的餅皮一起上，用

台灣味的刈包，除了滷肉之外，還會搭配花生粉和客家酸菜，有時還會有芫荽（香菜）。

日本的角煮饅頭，看起來就像是沒有酸菜和花生粉的刈包。

餅皮包著蹄膀，沒有酸菜，不一定有花生粉。

我曾在長崎看過「角煮饅頭」，其中最有名的是「岩崎本舖」，用的是高原豚。現煮的餅皮熱呼呼，搭配肉和滷汁。日本人將中國來的有餅皮包肉的食物統稱為「饅頭」，「角煮饅頭」裡面包的也是三層肉，但沒有台灣會放的花生粉和酸菜。

長崎因為有很多福建人在此做生意，所以將飲食文化傳入。本來刈包來自福州的「虎咬豬」，為端午節吃的。刈包的餅皮像是老虎嘴巴，咬著豬肉，還像錢包裡面有飽滿的肥肉，有豐富多汁、錢包滿滿的感覺。

本來只有包肉的刈包，飄洋過海來到了台灣，增添了不少本土的味道。有人說農曆十二月十六日尾牙要吃刈包，其實如果看歷史文獻，民俗學研究者吳瀛濤在《臺灣民俗》說尾牙應是吃潤餅，不是刈包。但大家習慣以訛傳訛，所以尾牙吃刈包也成了一種習俗，希望「虎咬豬」，帶來財富，讓荷包滿滿。

台灣風味的刈包

台灣的刈包多了些味道，有酸菜、花生粉和香菜，這些食材讓本來只有肉味的刈包增添了豐富的味覺與嗅覺的層次，同時增添風味。酸菜與肥肉之間的對話，會消融肥肉的油膩感，而花生粉則是讓唇齒的餘味更加悠長。

台灣各家刈包的口味不同。天氣涼的時候，在桃園我常到八德的「阿金嫂傳統小吃」，想找點熱騰騰的餅皮與肉汁交融的味道。刈包講究的就是豬肉，要讓人吃到肥肉但又不膩，這家用的是溫體豬五花，加入滷汁（這是機密）後熬煮，等到冷卻後再冷凍，為的是讓肉質軟呼呼的，稍微咀嚼就可以滑進嘴巴。

我也喜歡到萬華的華西街吃「源芳刈包」，開業將近七十年，老闆每天一大早就到環南市場選豬肉，放進大鍋裡煮的還有中藥包、糖和醬油。中藥讓肉更為鮮香，煮好的肉還要切成比較小塊放到鍋裡燉煮，滷好的肉和豬皮還帶有彈性，肉和麵皮的口感達成完美的平衡。

承襲著「虎咬豬」的名字，最近桃園的黃宏銘更想要讓刈包的經營有如連鎖快餐店一般，將自己的刈包店品牌化，稱為「虎堡王」，把台灣味變成可以走向世界的品牌。而且除了傳統的爌肉外，另外還有紅燒番茄牛肉、三杯雞、炸蝦捲、瓜仔肉……等台灣味，是名符其實的「台灣漢堡」。

從福建來到台灣的刈包，加入有香氣的花生粉，有些還會加客家酸菜。台灣人喜歡花生粉，從豬血糕、潤餅，甚至是潤餅當中的冰淇淋都要，而且還要來點芫荽（香菜），這些都是台灣人喜歡的甜味和香氣。透過鹹甜的口感，從中國來的虎咬豬，從台灣擴展到世界，加入各個國家的飲食文化中。

微涼的天氣，想找點熱騰騰餅皮與肉汁交融的味道時，就會想來一個傳統小吃的刈包。

12

貢丸

想吃點肉味時的彈牙調劑

有台灣第一代美食家之稱的唐魯孫，在〈新竹貢丸〉文中提到：

跟人一打聽，敢情新竹賣貢丸的都在城隍廟一帶，一共有十多家，彼此爭誇自己是老牌真正貢丸。這跟北平王麻子賣的刀剪一樣，年深日久，所做貢丸大致相同，也分不出誰是最原始那家了。

逯耀東先生的考據中，將新竹貢丸一直往前推到周代八珍的「擣珍」，將羊、牛或麋鹿的肉反覆捶打至彈丸，還將潮汕的牛肉丸與貢丸比附。逯耀東先生說：「貢丸即是槓丸的省稱，製法與牛肉丸同，即以槓擣肉而成，且具有彈性，當年客家先民渡海而來，牛肉丸製法也隨著由唐山過台灣。」

然而，兩位外省籍美食家畢竟與台灣的歷史文化有點距離，所述似乎與實際的情況有所出入。

貢丸的起源故事

據現在新竹知名的「海瑞貢丸」所做的口述歷史來看，貢丸大約有將近八十年的歷史。以前據說有個媳婦，因為公公愛吃豬肉，但是年紀大了嚼不動，媳婦就將豬肉剁碎，捏成一丸一丸的給公公吃。

還有另一個類似的故事，但更不可考。以前有個孝子叫孟波，在以往移民剛到台灣的時候，因為雙親年邁，牙齒已經無法咀嚼豬肉，孟波就將豬肉的油脂和筋去除，再奮力捶打成肉漿，接著製成肉丸，讓雙親可以咀嚼，後來的人為了表彰孟波的孝行，才家家戶戶開始做起貢丸。

在新竹還有個孝子牌坊，紀念李錫金。他從小家貧，但盡心盡力侍奉母親，後來因為在家鄉無以為繼，從福建晉江移民到台灣。錫金在母親生病的時候不僅隨侍在側，還燒香拜佛，後來母親過世只能簡單下葬，但是他怕颳風下雨會讓母親的屍骨無存，於是哀求老闆借他五年薪水修墳，孝行感動了老闆鄭崇和，讓他在商號中一步一步地學做生意。事業成功後的李錫金十分樂善好施，幫助鄉里，他過世的時候還把別人的借條全部焚毀。

鄉里在光緒年間幫他建牌坊，成為全台唯一的孝子牌坊，後來孟波可能就是從李錫金的原型轉化而來的故事。

不過以上故事都難以考據。黃海瑞還曾經說過一個故事，或許是貢丸在新竹發跡的原因。

日治時旗在新竹的一場廚師大賽中，從福州來的師傅用當時比較貴的食材豬肉，手做成一顆顆飽滿的丸子，有點類似福州丸的作法，一咬下去之後豬肉有如在齒縫間彈開，同時香氣飽滿，讓大家驚豔。

日治時期有從新竹到福州的船，兩邊來往相當頻繁。福州丸是用魚漿包餡的丸子，用鯊魚和鰻魚的鮮魚肉剃除魚骨，洗乾淨製成魚漿，然後加鹽水調和，再加入乾澱粉，拌成糊狀魚羹。福州丸製作複雜，不只魚肉，還將豬的五花肉剁成漿，有海鮮也有豬肉，繁複的製作方式讓福州丸的味道相當豐富。

貢丸是飢餓時代想吃肉味的一點點調劑。而新竹以米粉聞名，不管在麵攤或是吃米粉湯的時候，來個貢丸顯得更加有滋有味。

唐魯孫在戰後到新竹城隍廟附近，當時已經有不少店家開設貢丸店，算是最早對於貢丸有記載的記錄。如果從古地圖和一些產業記錄來看，城隍廟和北門街附近有很多種行業，其中和飲食有關的有搗米、製造麵線和甜點，當時還未見到貢丸的販售，由於冷藏技術的關係，早年貢丸應該無法單獨販賣，大部分是賣給麵攤當場食用。

費工的製作程序

從戰後開始販賣貢丸的攤商可以發現，有一部分攤商早年都在販賣魚丸，像是「進益」、「海瑞」、「士林貢丸」等。後來有些經營肉攤，將後腿肉留下來製作貢丸。日治時期新竹的貢丸大多用手做，規模很小，製作貢丸的程序相當複雜，每天大概只能做到三十台斤。

以往製作貢丸的材料是用黑豬的後腿瘦肉，貢丸的肉一定要新鮮，才會有彈性，接著要去油和去筋，將豬皮、肥肉和筋膜去除，接著切成薄片，絞成肉團，方便之後打漿。

貢丸一般只用少許食鹽、糖和香料做佐料，調味不會太重，有些店家用香菇增添風味，或加入紅麴、辣椒、當歸、福菜……等。調味加入後，將絞肉不停捶打成肉漿，為了增加肉質滑潤感，有時會加些肥肉，之後再捏成丸狀。

新竹的貢丸名店

城隍廟附近有許多攤商，但當時製作貢丸的規模都很小，因為食品保存的關係，無法量產。民國五、六十年之後，開始用動力機器打漿，每天量產到五百台斤以上，當時引進了機械，全新竹市投入貢丸產業的店家有上百家，後來僅以手工製作的攤商和小型工廠都被市場淘汰，留下的都成為有品牌的店家。

新竹的每家貢丸都有自己的故事，很多都傳承好幾代，像是「進益」貢丸，最早的老闆外號叫「貓江」，小小的身體每天跑來跑去，像貓一樣，而且幫他取外號的還是中央研究院院長李遠哲的爸爸李澤藩先生。一開始進益食品也是做魚丸起家，後來才開始做貢丸。

即使沒到過新竹的人，可能也有聽過海瑞貢丸。第一代老闆黃海瑞出生於一九三〇年，年輕的時候在南門市場經營麵攤，以前老一輩的人只要吃麵能加一顆貢丸就是莫大的幸福，到海瑞那邊吃麵總是能夠吃到貢丸，後來海瑞就將麵攤傳給兒子。黃海瑞會開始量產貢丸，是因為看到打鐵匠師傅的打鐵機器和手打貢丸的動作十分類似，於是他改良打鐵機器來捶打貢丸，不但產量增加，而且讓品質更穩定。

從民國六十五年之後，因為需求大增，之後由兒子黃文彬接手轉向貢丸的製作和批發，也因此發展出很多機器，像是「打漿機具」、「成型機器」和「自動包裝機器」。除了改善生產流程，還加進很多行銷手法，讓現在新竹大街小巷都看得到海瑞貢丸。

我喜歡新竹城隍廟口第一攤的「士林林家貢丸」，他們對於豬肉的處理最好。老闆林守讓號稱是「豬肉的狀元」，對於豬肉的選擇相當挑剔，年輕的時候學做魚丸，後來開始經營豬肉攤，將後腿肉留下來做貢丸。

士林林家貢丸並不是來自台北的士林，而是指新竹市樹林頭的意思，是老闆的故鄉。林家貢丸開發了很多口味的貢丸，像是香菇貢丸、包餡貢丸、花枝丸等等，他們家的貢丸湯汁濃郁，會在口內爆漿，三層肉的油和香菇的鮮味混和以後，再搭配貢丸的嚼勁，是相當幸福的體驗。

後來因為機械化，還有冷藏技術的進步，吃貢丸不用特別跑到城隍廟旁的攤子，全台的超市都買得到，而且貢丸也成為各種食物的絕配，連吃涼麵搭配的味噌湯，都會想加個貢丸，感覺多點肉味，讓一餐「豪華」了一點。

美食家唐魯孫說：「天氣漸涼，無論吃涮鍋子，或者打邊爐，放幾粒貢丸同煮，爽脆適口，那倒是一點也不假的。」貢丸和鍋物料理是絕配，無論是涮涮鍋、麻辣鍋、酸菜白肉鍋……等，都一定要來幾顆貢丸。

貢丸從新竹開始，成為台灣人的共同飲食記憶，一顆經過千錘百鍊的肉丸子，如此有彈性，又有著豐富的人情感。

13

烏魚子

冬季來自大海的禮物

小時候住在鹿港，祖父養鰻魚外銷日本，所以從小除了鰻魚粥，也沒有什麼好吃的（咦？）。

後來北上，祖母帶鰻魚給我，會烹飪鰻魚的專家一定是現殺現煮。祖母從鹿港帶好多隻活跳跳的鰻魚放在浴缸，有時候半夜上廁所，鰻魚跑出來在浴室逃竄，嚇死我了！

但長期吃鰻魚，我從小到大還沒蛀過牙。若是硬要問我們這種海口人平常還能吃什麼，冬天家家戶戶都有的就是成排成排的烏魚子。我們吃烏魚子沒有在切片的，直接從架上剝一大塊當零食吃（烏魚子當零食？）。

如果要吃飽，就會醃點蝦猴，這種潮間帶才能捕獲的海蛄蝦在鹿港天后宮前有很多攤子都有在賣。蝦猴冬天盛產，無法養殖，所以產量也越來越少。一般外面用炸的都是公的，在家用醃的會是帶卵的母蝦猴。早年吃得比較鹹，吃一隻蝦猴就可以配一碗飯。

從小就在鹿港進行飲食考察，後來小叔叔娶媳婦，喜宴上吃的果然都是海口人習慣的口味，一開始就是烏魚子、九孔、鮑魚的拼盤。

烏魚本來在東海和長江出海口生長，大約在冬至前後，隨著台灣西海岸的洋流而下，沿著台灣的西海岸產卵。

烏魚子主要透過鹽漬或日曬而成。義大利人也有吃烏魚子，但是他們會裹進蜂蠟中熟成，台灣目前也有人製作類似的烏魚子。有些店家會取出新

中南部沿海產地常見成排成排曬烏魚子的場景。

鮮的烏魚子，直接煎煮。

日本人的烏魚子作法不同，每個地方略有差異，我有看過用清酒浸泡製作的烏魚子，先清洗和鹽漬，不是用日曬的方式，而是冷藏後再浸泡於清酒中，之後乾燥、冷藏、浸泡反覆持續十幾天，在室內低溫熟成，沒有陽光曝曬的油耗味，比較符合日本人的味覺習慣。而且日本人吃烏魚子還有「溏心」的作法，抹上酒，灑上一點糖，就會在表層形成脆皮的糖衣，甜味配上烏魚子的鮮味，是相當豐富的口感。

宴客時候的冷盤，一開始都會先上烏魚子，這股海味有著澎派的感覺，而且烏魚子通常和九孔或鮑魚一起作為前菜拼盤，有著「結合」的豐盛感受。以往烏魚子的取得較為困難，一九八〇年代以後，人工養殖發展蓬勃，烏魚子、九孔越來越多作為辦桌料理上的菜色。烏魚子後來還出現在總統國宴上，漸漸成為代表的菜色。

烏魚子在日本

烏魚子的醃漬產品，在日本被稱為「唐墨（Karasumi）」，跟代表平民食物的鯡魚魚卵「數子」不同。烏魚子是上貢給貴族的珍貴食材，日本有句話嘲笑東北人以為唐墨指的是寫字用的墨：「以為買唐墨要到文房。」連唐墨都不知道，還以為是書法用具。

唐墨在十六到十七世紀成為貴族間的贈品，有紀錄顯示一五八八年長崎的代官上貢唐墨給即將征韓的豐臣秀吉。一六七五年，長崎知名的商店高野屋開始試做唐墨，成功後上貢給將軍。

日本人對於食用魚卵有很強烈的宗教和文化的意義。鯡魚魚卵所做成的「數子」晶瑩剔透，有多子多孫的意涵；烏魚則帶有出世的意義。從詩句中來看，日本人很早就對烏魚的生命週期有深刻的看法，從魚苗、幼魚、青年魚、三歲以上的成魚，以及老魚，每階段都有不同的稱呼，在冬季是消災的重要魚類。

烏魚子在台灣

在台灣，送禮用烏魚子當伴手禮也相當大氣。

從文獻上來看，捕烏魚子可以追溯到荷蘭和鄭成功時代。冬至時期捕烏魚的時候會發出旗幟，捕獲烏魚的回來必須繳納稅金。烏魚被稱為「信魚」，被認為是上天贈與漁民過冬的食品。在烏魚季的時候，漁民會用豬肉、雞肉等三牲祈求漁獲豐收。

日治時期，日本人發現台灣的烏魚產量很大，而且當時日本國內的人口過剩，有計畫向海外移出，於是開始進行漁業移民。從明治四十一年到四十四年（一九〇八至一九一一）開始漁業移民，選了厝港（今桃園市大園區）、東港、公司寮（今後龍）、鹿港、蘇澳、蟳廣澳（恆春）等六個港口，移民主要來自日本的九州和四國。

日本的移民改變了台灣烏魚子的作法，同時

台灣喜宴的第一道冷盤往往都有烏魚子出現，給人有膨湃海味的印象。

也進行了烏魚子的研究，比較長崎和台灣烏魚子的優劣。當時都覺得台灣烏魚子的魚卵柔軟且大型。有日本學者在魚汛期間到台灣研究，發現日台兩地的魚種一樣，但魚群洄游的成熟期不大相同。

本來每年冬至前後十天是捕烏魚的季節，以往都是野生的烏魚。烏魚從魚苗到結卵要兩到三年時間，對養殖業者而言時間較長會有風險，但是一九八〇年之後，台灣內銷和外銷烏魚子的市場都擴展了。在水產專家和養殖戶的共同努力下，開發出專用飼料，改善製作烏魚子的技術，將養殖烏魚子從野生的次級品變成了高級美食，讓更多人也可以享受到烏魚子的美味。

14

黑白切

豐富多樣的百搭配菜

過世的魚夫大哥出版的《台灣百年市場》，新書發表會在郭怡美書店舉辦，我忝列為推薦人，也躬逢其盛。參加完發表會後，在大稻埕市場對面吃碗旗魚米粉，在天冷的路邊最適合了。

這個攤子早上是賣旗魚米粉、紅燒肉，下午會變身賣熱炒和黑白切。這裡最厲害的一味就是「天梯」，其實就是豬的上顎，舌頭往上頂到的地方，由於外型看來是一層又一層，堆疊像樓梯，所以有「豬天梯」的稱號，吃起來彈牙脆口，有豐富的膠質，一隻豬只有一塊。現在有賣這味的黑白切店不多了。再點盤炒羊肉和旗魚，鑊氣十足，沙茶味相當濃厚。

每個部位都可以吃

台北西區是美食天堂，我有時會專程到環河南路吃烏醋麵，酸且有香味的醋，現在很少店家在賣了。萬華的烏醋麵很不容易到達，因為都市計畫的關係，現在位於快速道路和引道之間夾著的地方，但完全不損每天為了吃一碗烏醋麵的人，滿滿都是排隊的人，是萬華人的早午餐，晚一點到就沒有了。

我點了一碗小的烏醋麵，這裡的黑白切根本是百科全書，什麼都有，本來要點生腸，已經賣完了。點了碗綜合湯，可以吃到好多豬的部位，只有台灣豬才可以吃到每一個部分，不同的咀嚼感，在舌頭和口腔間進行幸福的咀嚼和運動。

黑白切從早到晚都能吃，而且跟什麼都很搭。一隻豬可以吃的部位從嘴巴的舌頭一直吃到大腸，被完整地利用。要點豬舌的時候，關鍵在於前中後段的口感都不同，接下來進入食道，口感軟嫩，稱為軟管，而連接食道和胃較大的地方稱為豬肚頭。師傅在切氣管時，有時會連接到軟骨，可以讓氣管的咀嚼更有層次。

氣管連接著豬肺，清洗相當困難，需要功夫。單純的豬肺相當柔軟細緻，有些會再加入米漿增加口感。豬肺包覆著的豬心，是運動量最大的器官，吃起來有點韌性，帶著脆感，看師傅的切法，薄的厚的吃起來感覺都不一樣。跟豬心連結的大動脈，韌性和彈性非常強，清洗之後會呈現潔白的顏色，相當爽脆。

豬肝的部分，在北部的黑白切較少見，但是嘉義的魯熟肉和南部的香腸熟肉攤較為奢侈，如果能選到粉肝，那是豬的脂肪肝，有著豐潤的油脂，十分美味！連著肝臟的橫膈膜，稱為肝連，肉質軟嫩，帶有筋膜與油脂，台灣豬的肝連吃來較為甘美。

常見的粉腸是豬小腸的前中段，因為絨毛長，如果其中的食糜過多會有苦味，因此在宰殺前會先讓豬空腹。粉腸裡的絨毛和小腸的彈性是其迷人之處。從清洗到浸泡在高湯中，處理小腸的每一步驟都十分費

黑白切裡的「天梯」形狀看來像樓梯，吃起來彈牙脆口。

工，是為了讓人可以品嚐到軟中帶嫩的咀嚼感。

大腸的清洗更是花時間，且有很多道工序。大腸頭是靠近豬直腸的地方，口感相當有彈性。而口感滑脆的生腸，其實是豬的輸卵管和部分的子宮。

此外，各家搭配黑白切的醬油膏，很多都是店家調配的，每家有自己的配方。

豐富多樣的魯熟肉

我曾經在嘉義住過一陣子，一早就會去吃魯熟肉。雖然有人說魯熟肉類似黑白切，但實際上更為豐富多樣。

魯熟肉還會有經典台菜的手路菜，一大早在路邊就可以吃到豐盛的滋味。嘉義知名的「黑人魯熟肉」，還有旗魚腸、三絲捲、松阪肉、蟳糕，甚至是

黑人魯熟肉一攤就有三、四十種品項，讓人陷入選擇障礙，每樣都想嚐嚐。

知名的地瓜米血糕，整個攤子有三、四十種選擇，每次去都有選擇困難，而且每個品項都是自製的，過了這一攤，就沒這個味！

我喜歡朝陽街的「源滷肉飯（菜鴨魯熟肉）」，這裡的魯熟肉除了常見的黑白切，也有海鮮，青菜也十分豐富，有四季豆、苦瓜、茭白筍……，滿滿地擺滿桌子，顏色相當鮮豔，讓人每種都想吃吃看，但肚皮空間有限。源滷肉飯一大早就人聲鼎沸，是充滿活力的台式早餐，而且價格超划算。

台南的香腸熟肉菜色相當豐富。「溪仔香腸熟肉」的溪仔嫂，處理臟器總是相當認真，已經算是有潔癖了，她將豬大腸洗到發亮，腸子裡的每個皺褶、彎曲處都清得一乾二。黑白切的關鍵是在清洗之後，讓豬肉各部位的味道和口感都能完整表達出來，誰都不會干擾誰的味，各有千秋！

南部的香腸和北部的客家香腸不大相同，很多是沒有肥肉的，灌瘦肉再用炭火烘烤之後再炸，香氣更加豐富。每家香腸肉的老店醬油膏都是自己調配，南部受到日治時代的影響，芥末還會加上蒜泥醬油膏，鹹甜嗆辛，提味之後又可以讓味蕾甦醒，也讓胃口大開。

此外，我經常到「沙卡里巴」市場的「阿財點心」，稱作點心但山珍海味都有，豬的內臟類一應俱全，香腸、糯米腸、米血也都自己手工製作。這家的香腸有著淡淡藥材香，糯米腸還帶著花生的香氣，還有蟳丸，是用蟹肉加上蛋、乾粉、荸薺等拌勻後再蒸熟切塊的小點心，口感酥脆且有鮮味。在沙卡里巴市場中的好處是旁邊還有「榮盛點心」的米糕，或是棺材板，每種味道都有，吃了一圈後相當滿足。

印象深刻的滋味

說起黑白切，我自己記憶中最深的滋味還是來自彰化。彰化讓我印象深刻的不只是肉圓、麵線糊、爌肉飯，反而黑白切才是彰化餐桌上的精華。舒國治曾說過：「全台灣最好的小吃，在彰化……糯米香腸、煮炒芥菜、乾炒花生米、筍湯、煎魚、水滷大腸等皆烹調極細膩清淡有味。」

本來在關帝廟前的小攤子，有兩攤，一攤是「燉露」發財車，在低矮的桌椅享用著一盤一盤的黑白切，很有台北慈惠宮前在廟埕吃飯的親切懷舊感。還有一攤「樹木大腸圈攤」後來遷移到華山路上，晚上燈籠亮起就有好吃的，我喜歡這家的豬肝和脆腸，都處理得很好，新鮮甜美，還附上免費的大骨湯，整隻豬的精華都盡收於此。

台語的「烏白（oo-peh）」本來指的是「隨意」，但黑白切處理起來一點都不隨意，從飼養到上餐桌的過程，每一個部分都很費工，而且只有台灣豬才能有如此的味道。「隨意」不是隨便做做的意思，而是街邊的小攤子秉持顧客對老闆的信任，端上來的都符合熟客的品味，有種人情的溫暖，也存在於每個人成長過程的味覺記憶中。

15

薑母鴨

從冬令進補轉化到歡聚時刻的鍋物

好幾次的網路調查都指出台灣網友冬季最愛的十大鍋物，前三名是麻辣鍋、薑母鴨和壽喜燒。但薑母鴨一開始出現在媒體上，可以看到和家裡面的冬令進補有關係，從報紙的資料庫查詢，本來沒有薑母鴨的店家，在一九八〇年代隨著「帝王食補」的出現並在市場上拓展之後，才讓薑母鴨開始為人所知。

台灣的養鴨產業

了解薑母鴨一定要從鴨肉開始理解。台灣最早有關養鴨的記錄是一六九三年的《臺灣府志》和一七一九年的《鳳山縣志》，以前飼養的比較有可能是菜鴨，天生群聚，很好管理，而且反抗清廷統治的朱一貴就有「鴨母帝」的稱呼，黃叔璥所著之《臺海使槎錄》就記載：「朱一貴原名祖，岡山養鴨。作亂後，士人呼為鴨母帝。」以往養鴨的型態主要是副業，而非專職飼養。

一八九七年，日本統治台灣之後，開始調查台灣的養鴨產業，最早的鴨種是從泉州傳進去的菜鴨，後來才有土番鴨和紅面鴨。研究中國食物的安德森教授（E. N. Anderson）發現華人的飲食中會強調滋補的食物和藥酒，食材和藥材之間很難劃分，舉箸常如服藥。日本統治台灣的時候就注意到台灣人冬日要進補，從《日日新報》可以看到相關的記錄：「大昨日因氣候已屆立冬，島人循例應飲食滋養物品。謂之補冬，而羊肉亦屬滋養品之一，尤為普通人士所嗜好。」台灣雖處於亞熱帶，但冬日寒流一來，再加上台灣的溼氣逼人，以藥補搭配食補作為怯寒的好方法。

一般市面上的薑母鴨都強調黑色的紅面番鴨，源於中、南美洲的紅面番鴨據說滋養的效果最好，但現在餐廳中提供的大多是白色番鴨，主要是因為經過配種和實驗後，白色番鴨的成本較低，這起源自一九八三年法國國家農業試驗所的鄔維雅（Dr. Rouvier）博士到宜蘭交流台、法的養鴨技術。

法國農業研究院在一九八四年贈送番鴨種後，台灣開始飼育羽毛全白的白色番鴨。白色番鴨的飼養期約十六週，比起黑色番鴨快了六週，飼料的成本相對低廉，而且體型比紅面番鴨大一倍。在成本的考量上，大家逐漸改用白色番鴨取代黑色番鴨。

市場上大家都沒有說的祕密是，大家用的是白色番鴨，但招牌上都寫黑色番鴨。農業部（前稱農委會）在二〇一四年復育黑色紅面番鴨，在飼養成本上和白色番鴨差不多，稱為「五結紅面番鴨」。

大爲流行的薑母鴨

業者為什麼一定要強調黑色的紅面番鴨呢？主要是在食補中有特別的意涵。本來台灣民間有種說法，認為「鴨肉有毒」，但很難找到相關的證據，除在《本草綱目》說鴨肉有微毒外，如果仔細爬梳《本草綱目》講到的有毒食物，通常會搭配不可食或吃了會有生命危險的食材，而且在《本草備要》還將鴨肉視為有滋陰補虛的功用，因此很難得知有毒的民間說法從何而來。

當薑母鴨要在餐飲市場上打開知名度時，就透過現代醫學報導和中醫的論述重新說明鴨肉的營養價值，還指出鴨肉有甘涼、滋澤五臟、補瘦弱、養胃生津等功效，主治虛癆潮熱，配上薑母也不用擔心吃太多會上火。民間一般也將鴨肉視作會誘發病因的「發物」，但其實那是鵝肉，也許是兩者相似，所以連鴨也跟著遭殃。

甚至以前冬令進補除了羊肉以外，還會吃狗肉，特別是在一九七〇和八〇年代，後來因為動物保護的觀念日漸盛行，越來越多人對吃狗肉反感，警察也開始取締，為了維持生計，很多店家轉型成羊肉爐和薑母鴨，入門成本都很低，只要有個空地和騎樓就可以營業。

當帝王食補薑母鴨有利可圖時，很多業者都躍躍欲試，例如一九八八年蘆洲的「名珍薑母鴨」、一九九五年在延平北路的「霸味薑母鴨」。全台最多的時候有一千多家薑母鴨，還有羊肉爐業者轉行賣薑母鴨。

各顯特色的薑母鴨名店

台灣市佔率最高的帝王食補薑母鴨在一九八一年以五百元創業，十年之後營業額高達兩億元，可謂台灣薑母鴨走進民間的重要推手。本來只是個冬令進補的選擇之一，後來成為重要的食品和餐飲產業。如果我們回顧八〇年代餐飲產業最重要的變化就是麥當勞的開設，開始了大量生產的模式，均一、快速又方便的飲食型態，再加上經濟繁榮，大家都有了一些資產。

薑母鴨市場龐大，最有名的前五名就是「帝王食補」、「心霸味」、「霸王」、「冠霸王」、「漢王」薑母鴨，其他還有些較小的品牌，但從前幾名的取名就可以知道，當帝王食補成功之後，接著就有一堆複製類似名字的品牌出現，而且薑母鴨是相當庶民的食物，還有種江湖氣，吃起來有點陽剛的感覺。天冷的時候圍爐，享受喧囂的感覺，紅通通的臉再來一罐酒，每個人都可以趁此大聲把平日對生活的不滿宣洩出來！

本來以進補為功效的帝王食補，強調「疏經、通血、祛風、祛寒」，但有不少消費者不想吃到如此濃厚的中藥味，所以降低了中藥的比例。帝王食補的創辦人田正德和很多食品營養專家共同開發，找出健康與美味之間的平衡比例。另外，如果只強調冬季，那其他季節該怎麼辦？

台灣人喜歡吃鍋物，但很有趣的一點是，所有鍋物都不是源起於台灣。薑母鴨以冬令進補進入市場，想要在其他季節拓展生意，就看到了鍋物市場。不能只單賣一個品項，還開發出西漢山羊肉、大唐肉骨茶和烏骨雞，連結中國歷史的意象。他看到湖南長沙馬王堆考古出土的竹簡上有羊肉湯，經由配方的調整後，除了在餐廳販賣，也發展出冷凍處理包，後來還有松露雞和麻辣鴨，並自己開發火鍋料，讓薑母鴨從以前的進補食物，逐漸轉向全方位、大家印象中的火鍋店，隨時都可以去吃。

薑母鴨的競爭者眾多，每家都想出別出心裁的手段來吸引消費者。霸味薑母鴨的特色就是坐在小圓桌，中間是火紅的炭火，用陶製的砂鍋直火烹調。在薑母的部分，直接包下山頭種薑，三年以上的才採收，確保薑母的味道夠濃夠醇。

為了番面鴨的品質，有專屬的養鴨場，從桃園屠宰完直送。薑母鴨的湯底是靈魂，也是每家的商業機密，霸味薑母鴨的湯底藥包除了薑母以外，還有二十多種中藥，鴨肉煮熟後，還會放入甘蔗頭和冰糖，薑汁和薑末一起熬煮，讓辛辣的薑轉變成自然風味的甘甜。由於相當注重食材品質的掌控，霸味薑母鴨短短時間就展店了上百家。

無窮無盡的美味創意

由於薑母鴨的盛行，讓台灣人多增加了如此的味覺習慣，但久了會膩，台灣人喜歡更多新鮮感，屏東的「林李傳螃蟹薑母鴨」將現殺的螃蟹加入薑母鴨的湯鍋裡，增添更多鮮味，大沙母和處女蟳的膏黃能讓湯汁更加濃郁。在北斗甚至有店家將泥鰍加到薑母鴨中，嘉義還有咖哩薑母鴨，用咖哩取代麻油，台灣人在飲食習慣的創意上無窮無盡。

薑母鴨在台灣到處飄香，也傳到中國市場，但第一家進軍的是「漢宮薑母鴨」，可是中國人不喜歡太重的薑母味，可見與台灣市場的差異。為了顧及當地口味，薑母鴨只成為店裡的一道菜，平常主要賣的是台灣的熱炒，到冬日才會強調火鍋的特色，但是不強調冬令進補的概念。有些味道只有台灣人才懂！就像美食作家焦桐所說：

薑母鴨流行成台灣的街頭小吃，不過是近二、三十年的事，我卻在一鍋薑母鴨中認同了台灣的主體性。或許，我愛上的非僅食物，更是一種深度，一種活躍的庶民文化。

薑母鴨從食補觀念而來，以往吃羊肉、狗肉，後來因為狗肉受到動物保護的觀念讓薑母鴨的市場更大。帝王食補從進補的觀念開始，一開始強調中藥材的藥膳，後來慢慢轉化成台灣人所習慣的鍋物。鍋物料理一直有歡樂喧鬧的氣息，想起薑母鴨，總和歡聚時刻有關。

16

羊肉爐

中部、南部各有滋味的冬令特色

從嘉義北上，經過溪州，腦海中突然浮現羊肉爐的清香甘甜。溪州和溪湖，還有彰化的員林都有羊肉爐。

每家溪州和溪湖的羊肉爐都有自己的特色，運用中藥的藥材，甘甜的清湯襯托出羊肉本來的滋味。我喜歡蒜頭清湯羊肉鍋，一鍋差不多有兩百顆蒜頭，與羊肉完美地搭配，喝下去喉頭溫和柔順。

溪州的羊肉完全沒有騷味，應該是從飼養到烹調都有獨特的方式。本來以為吃不完整鍋，後來全部喝光。每到用餐時刻，這裡人聲鼎沸，而且都是當地人。旁邊有剛下班的正新輪胎員工，也有小朋友一進來就說好香喔！

這裡每一家的羊肉都有自己的滋味，每家都有自己祕方，雖然說通常是冬天吃羊肉爐進補，但即使燠熱的夏日，羊肉的香氣也能讓胃口大開。

高雄的羊肉與彰化的不同

台灣的羊肉以高雄岡山和彰化溪湖、溪州的羊肉最有名，但作法不同。岡山由於附近環境適合養黑山羊，羊肉飼養期較其他食用肉類長，要十八個月，而且山羊啃食落花生的莖、葉，需要砂質土壤，剛好高雄的岡山、阿蓮、湖內、路竹、彌陀的土壤適合。

有一次到岡山演講，講完剛好中午，接近中午的時候，空氣中飄散著羊肉的香味，還有濃濃的中藥味。我問了一下當地的朋友，他們跟我說岡山羊肉有三個系統，分別是「大新」、「德昌」和「舊市」，有些是從日本時代就傳下來了。但我很好奇為什麼岡山羊肉會搭配台灣人本來不吃的豆瓣，便在岡山一邊考察，一邊查資料，一邊問耆老。

台灣早期食用羊肉是因為祭祀的關係，在城隍廟或很多其他神祇的祭祀都會用到山羊。祭拜完的山羊和其他牲禮雞、鴨、魚、肉等一起享用，一般都是熬煮成肉湯，稱為「燖羹」。羊肉在《本草綱目》中有「虛勞寒冷，補中益氣，安心止驚」的功效，所以日治時代的台灣人也會加上中藥藥材，像是當歸、川芎、茯苓、炙甘草來調味。

岡山最早販賣羊肉的店家是在「舊市」的平安市場。余壯在一九二六年選用附近阿蓮產的本土黑羊，由於黑羊的騷味很重，他尋找到合適的中藥材加入調味，成為與羊肉最適合的配方。

岡山羊肉一定要連皮一起吃，羊的每一個部位都吃，或是將精華熬出，一點都不浪費。余壯本來是攤商，原本很陽春地只賣羊肉湯和羊肉米粉，生意很好，從早上就開始賣，是市場工作的攤商和工人的好選擇。

他的生意好到後來開了店，叫「大新」，而原來的羊肉攤，由做羊肉販賣的蔡天慶經營，現在則稱為「舊市」

岡山羊肉爐聞來有濃濃中藥味，是因為搭配了藥膳湯頭。

羊肉。原本只是單純的藥膳湯頭川燙羊肉，但岡山在一九四九年後由於國民政府遷台，產生了不一樣的變化。

羊肉與豆瓣醬的相遇

日治時代，日本人發動太平洋戰爭，利用岡山的位置設置海軍航空隊，後來國民政府撤退來台，中國空軍基地的人員和設備由四川成都遷移到此，在此成立空軍官校、空軍機械學校和空軍通信學校，有將近兩萬的外省移民，圍繞在空軍基地旁邊。

岡山羊肉的特色在於搭配豆瓣醬，然而，創辦於日治時代的大新牛肉本來沒有搭配豆瓣醬，很顯然這特色只能從戰後外省移民中找到端倪。岡山有兩家很有名的豆瓣醬，一家是「明德豆瓣醬」，一家是「梁氏豆瓣醬」。

明德豆瓣醬的創辦人劉明德，本來在四川從事軍機降落傘的釦環製作，來到台灣後擔任士官，由於他信仰一貫道，在軍隊中傳教，戒嚴時代拉幫結派的信仰活動會受到嚴格監視，而且思想控制嚴重，最後被迫從軍隊離開。

劉明德想念家鄉四川的豆瓣醬，但在台灣找不到，便開始自製，後來他發現台灣南部溼熱的環境竟然能加速豆瓣醬發酵，於是運用獨家的配方做成微甜的豆瓣醬。

豆瓣醬這種新奇的醬料在岡山傳開，他便成立了商號，本來是用流動舀取的方式，後來賺了錢，開始採用罐裝，成為外省眷村中很熱門的商品。當時來此受訓的軍人，還會買回去當作伴手禮。

不過對於台灣人來說，川味的豆瓣醬太鹹，當時舊市場的開元街有家「親和商號」，本來賣日式醬菜，也很熟悉發酵的方式，在一九六〇年代左右，看到明德豆瓣醬受到大家歡迎，老闆梁功成便研發出台灣人喜灣的甜味豆瓣醬。

開發出來後，梁功成請在市場賣羊肉的攤子試試看是否適合配羊肉，本來的羊肉店都配醬油膏，沒想到不試還好，一試成主顧，成為岡山羊肉必配的醬料。

異軍突起的彰化羊肉

相較於岡山的羊肉，我自己出身彰化，以前祖父在鹿港和芳苑養鰻魚，有陣子我住在鰻魚池旁邊，看到海邊和河邊都有羊群，後來才知道在芳苑、溪州、二林、鹿港和福興這些地方都很適合養羊。

溪湖的羊肉最早是在溪湖國小前面的羊肉麵線攤商，後來繼承父業的楊瑞明開了「阿明羊肉店」，女兒桂枝開了「阿枝羊肉店」，傳承快七十年，已經到了第三代。本來只是炒羊肉和提供羊肉麵線，後來有了大家喜愛的羊肉爐。另外還有「楊仔頭羊肉店」、「春芳羊肉店」都是楊家的親戚在溪湖開枝散葉所開設的。

溪湖、溪州羊肉吃的大都是薄片，和岡山帶皮大塊有嚼勁的羊肉不同。羊肉爐中加入薑母、枸杞、當歸、川芎和羊大骨一起熬煮，每家的配方略有不同，但吃起來都相當清甜爽口，沒有羊肉的腥臊味。

不管是溪湖和溪州，消費羊肉的很大一部分是當地人

彰化溪湖或溪州的蒜頭羊肉爐放了滿鍋蒜頭，搭配薑母、枸杞、羊骨等熬出清甜的湯頭。

支撐起來的，附近的中小企業工廠相當多，機械、輪胎、羽毛業或養殖業，其中的白領和藍領階層都是羊肉爐的重要客戶，問當地的人，對於羊肉爐的店家都有不同的偏好。

現在提到羊肉，大家都會說紐西蘭的羊好，甚至還出現了所謂的和羊，但台灣羊的風味獨具，吃過的人就不會覺得國外的好，所以即使台灣加入WTO之後，外國羊肉進軍台灣市場，台灣的羊肉還是受到大家的青睞。

由於溪湖和溪州的羊肉爐市場龐大，台灣有三大肉品市場，分別在高雄的鳳山、雲林的虎尾和彰化的溪湖，但彰化的羊隻需求很大，其他飼養羊的屏東、澎湖都會到彰化求售。對於羊隻的需求，最主要的原因就是羊肉爐的生意太好，供不應求，而且羊隻的拍賣價格比起其他地方還好，這意味著在溪湖和溪州的羊肉爐可以吃到品質比較好的羊肉。

台灣羊肉的美味

說到台灣的羊肉，不管是岡山，或是彰化的溪湖、溪州和員林的羊肉，都已經做出口碑，而且在大街小巷都開起了羊肉爐店，甚至在台大附近也有知名的「莫宰羊」，羊肉爐已經成為台灣人熟悉的食物。曾經我們也聽過一句俗諺：「掛羊頭，賣狗肉。」難道香氣四溢的羊肉會不如狗肉？外面掛著羊頭的招牌，店內卻要賣狗肉嗎？

現在台灣賣狗肉的店家已經絕跡，因為一九四九年後，大量外省移民來台，其中很大一部分是廣東移民，從五〇年代初期到八〇年代末期，台灣的香肉店非常多，然而，狗肉的來源是個很大的問題，缺乏像羊肉如此穩定的肉品來源。吃狗肉本來就是為了「冬令進補」，從歷史學者皮國立的研究中指出，吃香肉的習慣後來被羊肉所取代，也為本土的羊肉爐增加了市場。

冬天快到時，就會想起羊肉爐的香氣，帶點韌性和嚼勁的羊肉，還有清香的湯頭，不管是配豆瓣醬，還是獨門的湯頭，台灣羊肉的文化有本土的環境，也有外來的影響。現在溪湖、岡山都有羊肉的相關節慶，當火鍋沸騰、口水快流下來的時候，也能感受到背後豐富的人與事。

17

爌肉飯

從早到晚都吃得到的彰化在地味

我在台灣不同地方演講的時候，都會藉機到當地飲食考察。有幾次到彰化女中演講，在地的知名導遊邱明憲騎著機車帶我穿梭在大街小巷，除了跟我說整個城市的紋理，也向我介紹在地人的小吃。

有一次他帶我到魚市場旁，旁邊有兩家爌肉飯，只有其中一家才是百年老店，從日治時代開始做和漢料理，後來才開始做爌肉飯。醬油是社頭的百年醬油廠釀造的，色澤偏紅，略甜的口味，浸潤在豬肉中，搭配在地的辣椒醬，肥滋滋的幸福感都在嘴中化開。

豬的每個部位都可以「爌」，腿的不同部位，皮的不同區塊，考驗店家對豬肉的掌握程度。滷肉飯經常戰南北，各有所好，但只有彰化人不戰，因為他們有爌肉飯，就是用慢火燉豬肉的意思。在不同的店家招牌上，有人寫成「焢肉」，還有一家「永成炕肉飯」寫成「炕」，其實都是指慢火燉滷豬肉的意思，只是每家的時間和手法不同。

爌肉、東坡肉與封肉

爌肉很容易和東坡肉與封肉聯想在一起，其實料理方式有點類似，都是慢火燉煮豬肉，然後加入醬油和糖慢慢滷製而成。但是東坡肉大部分是在餐廳才能吃到，有時還會配上餅皮，帶點大菜的感覺，但爌肉飯則具有庶民氣，一碗白飯配上軟嫩的爌肉，飽足而大氣。

台灣各地都有爌肉飯，但只有彰化從早到晚都吃得到，而且被當作這座城市的代表性「市吃」，舒國治曾經說：

> 爌肉飯，我稱它為彰化的「市吃」。人人在吃，隨時在吃，隨處可吃。彰化人騎著車、開著車突的一停，往長凳一坐，對著店家叫「飯一個」，這飯指的就

是爌肉飯。可見爌肉飯的攤肆多普遍。……彰化老百姓最多吃、普吃、每日必最先想到去吃的，是爌肉飯。早餐就開始吃，不覺其膩。中飯晚飯更是攤攤在吃。消夜亦是。

有時候問彰化市當地人，他們說肉圓是外地人吃的，彰化人每個都有自己偏好的爌肉飯。民間有所謂的「彰化三寶」：肉圓、貓鼠麵和爌肉飯，但只有肉圓普遍出現在其他鄉鎮，爌肉飯和貓鼠麵都在彰化市附近。

彰化爌肉飯的特色

彰化的爌肉飯和其他地方的不同，在於選擇的是後腿肉，而且會用竹籤固定，其他地方則是用三

彰化的爌肉飯選用後腿肉，為免皮肉分離會用竹籤固定。

層肉。竹籤是用來固定肉皮和腿肉，避免慢火燉煮的過程分離，客人同時可以享用到肉與皮，讓咀嚼的感受更豐富。

豬的後腿肉就是腿庫，靠近小腿部分那一圈稱為「圈仔」，靠近腹部比較像三層肉的是「離緣肉」，由於肥肉和瘦肉很容易分開，所以才用竹籤串起來。豬的後腿肉筋較多，所以腳筋也是爌肉飯攤子上常出現的菜色。

相較於其他地方用豬五花肉，採用豬的後腿更顯得肉多且霸氣，東坡肉、刈包的肉都強調要入口即化，軟呼呼的口感，但彰化的爌肉則是要讓厚厚的豬皮帶點彈性，牙齒和豬皮要能夠對話。慢火的「爌肉」久了會乾會柴，所以火候很重要，不是一次「爌」到底，要冷熱互爌，每家都有自己的方法。

其實爌肉飯本來不是彰化的庶民小吃，舒國治畢竟不是台灣人，以為現在大家都可消費得起的豬肉，在以前也是大家都能入手的肉類。台灣人在戰後有段時間吃不到肉，當時大塊吃肉是件奢侈的事。即使在日治時期，從曾品滄、陳玉箴及張素玢的研究都可以看到，一般人只有在節慶和婚禮的場合才能吃到豬肉，一般庶民的餐桌上看不到。

爌肉為什麼會出現在彰化庶民的餐桌呢？有一個轉化的過程。爌肉的起源來自於辦桌的大菜「封肉」，跟早期移民彰化的族群有關，從中國來的移民有漳、泉、潮、福和汀州人等，其中以福州人最多。早期彰化是台灣中部的重心，從清領到日治時期都是重要的政治和金融中心，為了提供政商人士的宴飲，相當多餐廳在此經營，很多有名的酒樓師傅都在此執業。「魚市爌肉飯」的老闆本來在日治時期經營杏花村食堂，傳承了五代，將原本辦桌菜的澎湃轉化成每天都可以吃到的豐腴。

彰化的爌肉飯店家密度相當高，不同行業的人會按照自己的生活作息來選擇食用時段，有些店賣早、午餐，有些是下午茶時間到晚上，還有九點開門到深夜的宵夜場。

魚市爌肉飯本來是為了魚市場上班的人員所以開在九點四十分，但後來不少外地人也想品嚐，所以提前早到晚餐的時間。鄰近三民市場的「老朱爌肉飯」主要服務在市場的工作人員，還有採買的消費者，讓他們一大早就能飽餐一頓，應付辛苦的一天。

由於鐵路縱貫縣的完成，促成了台中的興起，很多重要宴會都轉移到台中，留下來的大菜簡化了以後，成為庶民小吃中的主角。導遊邱明憲帶我在彰化街頭考察，發現很多小攤販販售的不只是小吃，已經算是大菜等級，像是佛跳牆、枸杞鰻，都可算是辦桌的料理，只是隨著城市文化的改變，進入了尋常百姓家。

關鍵的醬汁與米飯

爌肉飯要好吃，爌的醬汁是其中的關鍵。彰化每家爌肉飯都有屬於自己的醬汁，長期配合的廠商除了醬油以外，還有在滷汁中加入增加鮮甜的甘蔗和花蛤，都是彰化的特產，可以說每口滷肉飯都是在跟彰化的土地對話，「以醬油為主味，吃的是單純的鹹香」。彰化出身的記者陳淑華認為爌肉飯的醬香，就是單純的家鄉味。

彰化是稻米之鄉，爌肉飯的米飯當然也是在地人注重的細節。由於爌肉飯要淋上醬汁，如果米飯過於軟嫩，淋上後會顯得爛，還有點像泡飯，所以米飯要粒粒分明，而且要爽口。

彰化人對於爌肉飯的感情是內在的DNA，很多店家不停地搬遷，老客人還是會尋味而來，那是記憶中的味道。店家也會根據記住常客的口味，無論是爌肉部位的選擇或醬汁的調味，有時那是一種默契、一點人情，老客人來的時候，看到店家忙碌，還會自己舀湯和端盤子，彷彿自己的家人。

父親的中學六年都是在彰化高商度過，以前他只跟我說喜歡彰化的哪家肉圓，沒跟我說他吃過的爌肉飯。一塊香氣四溢的爌肉，搭配軟硬適中的米飯，再配一些小菜，我想，中學時期的父親應該也曾藉此在日常生活中得到幸福吧！

18

雞肉飯

飄洋過海來台成爲嘉義道地味

曾經有過兩任女朋友都是嘉義人，每次從北部帶她們回家，都會去吃雞肉飯，但兩個人的口味不大相同，喜歡的口感也不一樣，當時我才知道，每家賣的都是火雞肉飯，是不一樣的生活記憶。

噴水雞肉飯總是大排長龍，不想吃頓飯那麼累，可以改去巷弄裡的攤子吃些在地人才會吃的雞肉飯。

美洲的火雞飄洋過海而來

一想到嘉義就會想到雞肉飯，現在已經成為嘉義的代名詞。光是小小的嘉義市就有超過上百家雞肉飯，也有很多人討論起火雞肉飯的來源，其實吃火雞本來不是台灣人的習俗。

想到吃火雞都會想到美國的感恩節，火雞飄洋過海而來，原本產於北美和中美洲，美國的感恩節一定要準備的主餐就是烤火雞，透過全家人的分食體驗儀式感。在歐洲，有些國家聖誕節會吃火雞肉，主要是在西班牙殖民美洲時期，從墨西哥引進了歐洲。

台灣的火雞據說是荷蘭殖民時期引進的，但都是零星飼養，而且主要在富貴人家，因為體型大，看起來貴氣，富貴人家會以此來代表財富，沒有大規模的食用。現在台灣大規模的飼養火雞，主要和第二次世界大戰之後美國軍隊駐紮在台灣有關係，當時大家才知道火雞的營養價值高，有比較多人吃了以後發現味道和口感不錯。除此之外，火雞肉的價格比土雞低，地方小吃攤開始引進火雞肉，但台灣人沒有像美國感恩節烤火雞的作法，將整隻雞的內部塞進蔬果和香料。

發明火雞肉飯的是本來販賣滷肉飯的林添壽先生，他參考滷肉飯的作法，在白飯鋪上火雞肉絲或肉塊，淋上醬汁，成為台灣獨特的火雞肉食用方式。

早年只有過年過節才吃得到雞肉，所以用較為便宜的火雞肉來配白飯，讓飢餓的年代也可以享受到吃肉的美味，因此造成轟動。

火雞肉飯的美味祕訣

台灣其他縣市的雞肉飯，大多是用雞胸肉製成的雞絲飯，而嘉義是用較大塊的火雞肉片，而且嘉義的每一家火雞肉飯都油亮鮮美，採用的火雞肉不只用胸肉，還會用較有嚼勁的腿肉，讓口感更為豐富。

火雞肉飯的關鍵在於火雞肉的肉質，戰後由於雞肉價格較貴，同時美軍將食用火雞的習慣帶進台灣，用滷肉飯澆淋白飯的手法改良成較便宜的火雞肉飯，相對而言較不油膩，卻仍然香氣十足。

嘉義的火雞肉飯通常是鋪上大塊火雞肉，不同於其他地方雞肉飯多是用土雞肉絲。

由於吃火雞肉飯的人越來越多，在飼養火雞上也開始講究，很多店家選用體型較大的雞隻，在肉質上更具彈性。好吃的火雞肉飯，雞肉片要軟但要有嚼勁，而且香氣多汁，這些都是一碗火雞肉飯該有的特質。

好吃的火雞肉要選用飼養六到七個月的溫體火雞，每天直接從雲林、嘉義和台南產地直送。現在主要的店家都跟養火雞協會合作，在固定時間送過來。以前很多店家的火雞都是自己養的，但隨著外食人口增多，還有台灣的旅行觀光更盛，火雞的需求量大增，後來就由產地直送。

有些店家選擇公雞，有些選擇母雞，母雞雖然較小，但肉質相對軟嫩，所以獲得很多店家青睞。公雞一般油質較少，吃起來較有彈性，母雞的油質多但口感細緻。

一開始要用大火煮熟，過程中不能煮得全熟，火雞肉的柔軟度才能維持住，還要關火燜煮、泡熟，燜煮的時間每家不同，有些甚至要超過十二小時，然後再將其中的甜味保留住，讓雞肉有柔嫩的口感。切火雞的刀工比起白斬雞更困難，不管是切成肉片或雞絲，都需要俐落的刀工，讓鮮美的湯汁可以保留住。

米飯也是雞肉飯的關鍵。每家的米飯和湯汁的搭配都是透過不停地嘗試，抓到最好吃的配方才罷休。嘉義有不少間雞肉飯是選用台南的冠軍米，就是《無米樂》紀錄片主角崑濱伯家的米，因為甜度高且米粒大；也有一些選的是壽司米，口感比較黏；有些則是混合了蓬萊米和在來米，蓬萊米是日本人研發出來的比較軟，在來米較硬，混在一起後口感適中；另外也有些是混合了台梗九號和十一號一起煮。

從醬汁到醬菜，美味再升級

從醬汁來看火雞肉飯，是由雞汁、豬油和醬油調和出來的平衡滋味，彼此你中有我、我中有你，不互相搶味，而是相得益彰。雞汁的高湯是用火雞肉的骨架、雞骨熬出的雞油高湯，淋在飯上光亮潤澤，搭配大塊的火雞肉塊，可以一口一口的扒飯。

好吃的雞肉飯除了雞油以外，還會用豬油提升香氣，再加上醬油、醃黃蘿蔔和紅蔥頭，光是想像就氣味俱足。紅蔥頭也是火雞肉飯的重要配角，沒有放入滾燙豬油炸的紅蔥頭，就缺少了雞肉飯該有的香氣。炸好的紅蔥頭放乾以後酥脆爽口，配著軟嫩的雞肉，口感更豐富。

嘉義有超過一百五十家以上的火雞肉飯店家，每家都不同，農委會曾經舉辦「RICE UP！鮮享在地招牌飯」票選活動，二十一個縣市政府共推薦了五十六款在地特色飯，競爭激烈。經過一個月的網路投票，嘉義市的「嘉義雞肉飯」勇奪冠軍，獲得四十四萬票，可見全台已經將火雞肉飯視為嘉義的象徵。

除了飯以外，吃雞肉飯也有人講究醬菜的，像劉克襄就提過醬菜：

那一抹甜甜略帶醃漬的酸味，輕咬一口，配著米飯，才逐漸轉化出微妙的口感，咀嚼出簡單樸實的美好。……黃蘿蔔片的擺置，更提示著生活的節約。這是早年清貧生活裡不可或缺的。台式滷肉飯或雞肉飯等尋常小吃，為何始終保有，因為這是一種不忘本。那是貧窮者享受快樂生活的亮麗色澤。晚近的便當菜色豐富，這片黃，或者這片蘿蔔的意義，可能就難以醞釀出來了。

台灣吃飯配醬菜的文化，是受到日本的影響，日本人不管是早餐、午餐或晚餐，吃米飯就是要配醬菜，連從西方傳來的咖哩飯也要配上醬菜。受到日本米食文化的影響，每當品嚐油香滑嫩的雞肉飯，也要來點酥脆的酸味，才算完成了雞肉飯的飲食考察。

火雞肉飯搭配上醬油、黃蘿蔔和紅蔥頭，氣味更足，口感更豐富。

19

宜蘭菜

獨特風土帶出的獨特菜色

「台灣走透透，只有龜山島走袂到。」

這句台語的順口溜，說出了對龜山島的想像，明明從宜蘭往太平洋一望，島就在那，有點近，心理上的距離卻是存在著。

龜山島被稱為「宜蘭的母親」，象徵著「龜蛇把海口」，日夜守護著蘭陽平原，也成為出外遊子的寄託，一看到龜山島就知道回到宜蘭了。作家黃春明也寫過〈龜山島〉：

每當蘭陽的孩子搭火車出外
當他從車窗望著你時

總是分不清空氣中的哀愁
到底是你的，或是
他的

……（中略）

龜山島
每當蘭陽的孩子搭火車回來
當他從車窗望著你時
總是分不清空氣中的喜悅
到底是你的，或是
他的

龜山島對於宜蘭人來說是一個精神象徵，也是一個宜蘭人共同的「符號」。

蘭陽平原有著綿長的海岸線，龜山島像是守護神一樣，海洋一直是宜蘭的重要食物來源，也是「宜蘭味」很重要的一部分。

單純而豐富的宜蘭味

「熱呼呼的稀飯配上鹹鹹的海味，童年的早晨就是從新鮮味醃漬的漁產開始。」作家黃興芳回憶起童年的餐桌。他還指出：

人們對大海的未知與險阻充滿了敬畏之心，與那片海始終為一種無形的距離，不僅磨礪人們的性格，更從而發展適應環境的生活方式與應對態度。因此，仍然能從真實的生活裡，看見人與海之間割捨不開的親近關係。

除了我們常見的清粥配醬瓜和豆腐乳，早餐可以吃到丁香小魚、鹹小管、醃鹹魚、醬油鹹醃蜆仔，午晚餐也都是各式各樣的海鮮，像是新鮮便宜的箱仔魚、小卷、比目魚、花魚、海瓜子、白帶魚、紅目鰱……，簡單的料理，用川燙、乾煎或清蒸，加些簡單的調味，就是最單純且豐富的「宜蘭味」。聽起來似乎有點奢侈：「在那個『只好』吃魚的年代，現在看起來卻是無比的豐盛與滿足。」

漁獲和稻米是早期農業社會主要的生計來源，很多白米都拿到市場上販賣，家中省吃儉用地吃白粥或加入地瓜簽的番薯粥，白粥配上醬菜，也是宜蘭家中的味道，將稻田邊的空地種上各式各樣的蔬菜，為了不浪費多餘的蔬菜，製成醬菜，像是菜脯、大白菜乾、高麗菜乾，還有鹹菜乾、炒豆鼓（黑豆）、豆腐乳等等，有些家中吃不完的，還可以去市場販賣。

「竹風蘭雨」，新竹多風、蘭陽平原則多雨，相當潮溼，經常有水災。對於農夫來說，下大雨時如果來不及收成，一年的心血付諸流水，所以栽種青蔥時，蔥田種於田畦上，外側的排水溝渠在下大雨時能快速排水，以免青蔥泡水。水源豐富的宜蘭剛剛好適合金棗生長，也讓蘭陽平原成為「金棗的故鄉」。

溼冷氣候養成的味道

因為氣候潮溼，宜蘭的米粉無法用太陽和強風除去多餘水分，所以只有表面微乾，因此含水量較高，外觀看起來比較胖，稱為「溼米粉」。然而，米粉不夠乾燥會腐壞，先用竹籠將米粉蒸過，可以有效增加儲存時間。閩南語的「蒸」念作「炊」，蒸籠打開後，熱氣衝上臉則稱為「嗆」，所以宜蘭的米粉又有「米粉炊」、「米粉嗆」的說法。

宜蘭的「米粉炒」跟其他地方的不同，在蒸之前先用醬油炒過上色，再淋上宜蘭特有的甜辣醬——黃江仔醬，鹹甜味搭配著米粉香，味道相當豐富。

宜蘭靠海，在冷藏設備和運輸尚未便利之前，較為內陸的地方很難吃到海鮮，將魚肉加工成魚丸，因為溼米粉耐煮，再用大骨和蝦米熬煮的鮮美湯汁與米粉、魚丸一起煮，最後加上油豆腐，吸滿湯汁又有飽足感，「魚丸米粉」就是近山地區員山的特產，也是相當有代表性的小吃。

溼冷的宜蘭，冬天的冷滲入身體。為了抵禦強勁東北風和溼氣，需要有高熱量和溫暖的食物，羹湯就是宜蘭溫暖腸胃的重要食物。熱呼呼的羹湯，勾芡後可以提供飽足感，陳維鸚寫到宜蘭味中的來分一杯羹：「天寒飢餓時，特別想來一碗羹，勾芡的湯汁濃稠而不易散熱，即使起鍋一會兒，碗裡也還是熱騰騰的。那溫燙滑順的湯汁從喉嚨滾下，彷彿能幫身體注入暖氣。」很多肉羹店還會在湯底加入大量的蒜末，一樣是為了驅寒。

早期農業社會，肉類只有在重要節日才吃得到，宜蘭知名煙燻鴨肉——鴨賞，以往都是為了鴨蛋的食用，等到鴨子年老無法下蛋時，才會吃鴨肉。即使是年邁的鴨，宜蘭人還是會想方設法延長鴨肉的保存期限。

鴨賞的製作是先將內臟去除，然後在鴨身內外抹上大量鹽巴，用工具將鴨肉展開，陰涼數天之後將鹽漬過的鴨肉加以爐烤，或是放在大鍋裡，然後放在木炭上，擺上白甘蔗，炭烤的蔗香慢慢燻著鴨肉，增加鴨肉的風味。

鴨賞的來源有一說是用來送禮、取其「犒賞」之義，但曹銘宗老師考證說鴨賞的「賞」應該寫作「鮝」，二字在台語同音。什麼是「鮝」？指剖開曬乾的魚，是華南沿海居民保存魚貨的方式，像是魚鮝、鰻鮝。另外，「鮝」也泛指片狀的醃菜或醃肉，例如筍鮝、墨魚鮝、牛肉鮝。鴨賞指的就是曬乾的鴨，連米其林二星的RAW也有古法蔗燻鴨賞，但只燻到六分熟，有點類似西班牙生火腿的作法。

吃好吃滿的辦桌菜

早期的生活環境不易，但在人生的重要節日，宜蘭人還是想透過吃好料來款待各方，宜蘭各庄頭早期會輪流做莊，請總舖師來辦桌，不管是神明生日、中元普渡、尾牙，還是結婚的喜事，都要辦桌。但每個主辦單位的經濟狀況不同，總舖師可以在有限的預算裡做出最奢華且美味的料理，既好吃又節省食材，充分體現了宜蘭在地的風情。

早年豬肉取得不易，而且在中醫的說法中，豬肝是養生食物，在辦桌的時候為了彰顯主人的好客，會用冷盤切片的豬肝讓客人感到奢華感。厲害的總舖師會將豬肝的邊邊角角做成肉卷，加入肉絲、魚漿，而且用剁碎的蔥花、洋蔥丁、荸薺裹呈長條狀，進入油鍋後油炸，做成宜蘭特有的「肝花」肉卷。

除此之外，知名的西魯肉，號稱「宜蘭的佛跳牆」，在辦桌菜當中最為經典，西魯肉也稱為白菜滷。從語源來看，日文的羹湯稱為「shiru」，有可能是源自日文，也有人稱「潑魯」，指勾芡的料理方式。因為湯頭中加入了香菇、瘦肉、大白菜、紅蘿蔔各式各樣絲狀食材，也有「絲魯肉」的說法。

這些簡單的食材煮在一起，雖然美味，但沒有驚奇，總鋪師厲害之處就在於將鴨蛋液用篩網的方式滴入油鍋，然後「蛋酥」有如開枝散葉般覆蓋在羹湯上，再加上一些香菜末。金黃色的蛋酥不僅增加整體的口感，還讓香氣更加濃郁。

從辦桌衍生出來的「糕渣」也可以看得出節儉的巧思，將雞、鴨或豬肉川燙之後的高湯保存下來，然後用蛋增加金黃的色澤，再加上番薯粉、玉米粉和太白

肝花肉卷、西魯肉和糕渣，都是宜蘭獨有的辦桌菜色。

粉增加質地，慢火煮至濃稠的糕狀，凝結後再放進油鍋，整體的過程相當費工，但用剩餘食材展現出惜食的精神。

舒國治說：「宜蘭人是土地磨礪出來的人。」宜蘭的食物也是跟土地和海洋對話的結果。除了自然環境以外，不同族群也在食物留下痕跡，宜蘭隨著漢人的移民，以米為主食，加工發展出油飯、發糕、年糕、紅龜粿、草仔粿和湯圓，這些很多食物都是在節慶和祭祀的時候食用，還有米粉和米苔目，或是甜點如麻糬，也是由米食為核心發展出來的食物。

宜蘭獨到的在地風味

較為特殊的是三角狀的燒粿角，在宜蘭的市場經常見到，是用在來米漿加入胡椒、鹽和其他香料調味，製作方式與蘿蔔糕很類似，對半切成厚實的三角，讓粿增加了「角」，兩面煎到焦香，配上蒜蓉醬油和甜辣醬，簡單且餘韻無窮。

傳統節慶還有人生的各種儀式，甚至在路邊，宜蘭人都離不開紅露酒。超過上百年歷史的紅露酒又稱為「金雞」，從原來的閩南傳統而來，用糯米、紅麴和宜蘭鮮甜的水源，除了製作紅露酒，剩餘的酒粕也製作紅糟肉、香腸和魷魚。

現在宜蘭的名產「卜肉」則是日本人帶來的影響。日本人為了汲取宜蘭的林業資源，開辦林業鐵道，太平山腳下的天送埤車站，進駐了很多日本人。宜蘭人將豬肉採用日本天婦羅的作法，醃好的肉裹上粉漿加以油炸，「卜」就是油炸的意思。

在蘇澳港有不少日本人利用當地特有的冷泉製作彈珠汽水，成為台灣人接觸汽水的初體驗。羊羹也是蘇澳的特產，但加入了蘇澳的特產石花菜，成為本土與外來結合的新食物，可說是宜蘭味在不同時代下產出的新食物。

獨特的風土，還有人群互動，在雪山隧道通車前，宜蘭是個相對孤絕的地方，也讓「宜蘭味」訴說著自己的身世。

20

總舖師的辦桌菜

看見台灣宴席料理的豐盛美好

京秋文化創辦人曾郡秋想要復刻日治時代江山樓的台菜，那是所謂的「台灣料理」的起源地，透過爬梳相關的史料，有些菜餚還找得到食譜，而且宴席的相關儀式都可以找得到。

江山樓是日治時代最豪華的酒樓，堪比總督府、博物館，裡面二、三樓有七間精緻的會議廳，四樓有特別的接待室，還有可以洗澡和理髮的地方。當時的菜色以閩菜為基底，又和台灣的風土相結合，讓江山樓成為台灣最高級的餐廳，是一九二三年皇太子裕仁（後來的昭和天皇）來台時宴飲的場所，後來日本的重要嘉賓都在江山樓宴請賓客，成為日本人了解「台灣料理」的重要場所。

復刻江山樓的辦桌宴

連續好幾年，郡秋在松山的奉天宮辦桌，席開百桌，每次都滿桌，還邀請不少知名文化人一起共襄盛舉。我參與的其中一場由國寶級辦桌師傅林明燦掌廚，承繼著父親的好手藝，一路從洗碗、切菜、顧蒸籠等基本功開始，在父親生病之後才漸漸獨當一面，接著在數百場的辦桌宴中，成為大家口中的「阿燦師」。

當天的十二道菜，從生菜大龍蝦、鮑魚海蜇花、軟絲烏魚子、百味五柳枝、櫻花蝦米糕、撒嬌喜全雞、富貴紅燒蝦、珠貝佛跳牆、八絲燴肝屯、福祿雙拼盤、竹笙山藥湯，最後還有一道甜點。

一開始的龍蝦沙拉，加上火腿片和鳳梨肉，讓龍蝦的鮮甜滋味更加豐富。具有兩種海洋風味的軟絲和烏魚子，口感不同卻相得益彰。令我驚豔的百味五柳枝，是用清澈燴汁以各種比例的醋組合出酸甜滋味，還有撒嬌喜全雞，透過甘草、肉桂為主調的滷汁燜蒸著全雞，雞湯毫不流失，保留肉質軟嫩。辦桌一定要有的佛跳牆，文火慢燉，湯頭不馬虎，加入芋頭、排骨、玉米、肉絲、金鉤蝦和干貝等食材，肉味、鮮味融於一盅。

最後的甜點還是西式的布丁，以前稱作「不忍」，主要是發音上的不同。台灣料理最後出現布丁的原因，還是跟高級感有關，以前要取得布丁的成本高，換算回來一客要一千六百元，在最後拿出布丁招待，代表對賓客的注重。

辦桌文化與菜色

「辦桌」要用台語「banto」來念才有感覺，用北京話來理解會像是「外燴」，或是英文的catering，但那都不夠精準，沒有那種人親、土親的感覺。就像「總舖師」也是從台語來的，「總舖」在北京話不知道其中的意涵，但用台語念「總庖」、「掌庖」就知道為什麼得名了。

現在已經不常吃到「辦桌」了，記得小時候每到親戚結婚，或是公司尾牙，都有人在路邊或自家門口搭棚子，既簡單又隆重，而且很有人情味。看著現場蒸籠滿溢出來的熱煙，還可以聽到竇竇竇的切菜聲，用快速爐加熱的油鍋，放進炸物，從大廚到上菜的人，有時一開就是上百桌，每個人都能精確地完成自己的任務，把香噴噴的菜餚端上。

台灣的辦桌文化主要在戰後才慢慢發展起來，一開始比較沒有專業的分工制度，但是到了民國六十年後，隨著國民經濟生活的好轉，在廟會喜宴開始出現上百桌、千桌的辦桌。

日治時代還沒有出現如此專業分工的宴席，但很多現在辦桌菜是沿襲當時的菜單，由「臺灣總督府交通局鐵道部」編纂，於昭和十七年（一九四三）發行的日文書，其中收錄了兩款台灣筵席的菜單：

一、清湯大燕、生炒大蝦、紅湯魚翅、脆皮燒雞、清湯水魚、半席蝦餃、鴛鴦絨鴿、神仙冬瓜、八寶煎鰻、如意片筍、杏仁豆腐、完席不忍。

二、冬荷魚翅、金錢蝦餅、水晶鴿蛋、蔥燒小雞、蘆筍蟳羹、半席春餅、炸魯香鴨、神仙白菜、鮑魚燴肚、紅燒鮮魚、杏仁白果、完席酥餅。

如果仔細看菜單的話，可以發現以海鮮居多，而且很多我們現在仍然在餐桌上吃得到，顯見海鮮料理對於辦桌菜來說，是招待客人的重要菜色。

除此之外，辦桌經常因為地方的節慶，或是迎神賽會，作為酬神或祭祀活動的一部分，平常雖然簡樸，但在重要的儀式時，一定要「澎派」大氣。辦桌菜每席通常十道以上，同時有山珍海味，還有飯後的水果點心，一開始以冷盤開始，四碟到五碟的冷盤讓賓客開胃，接下來則是四葷一素或五葷一素，湯、菜、羹、山珍海味，口味上以酸、甜、鹹、香為主。

葷菜則以海鮮為主，常見的龍蝦、九孔、魚翅、石斑、海參都是常用食材。我們來看看兩位大廚林添盛和曹正興所開的菜單，大致符合如此的規律：

一、林添盛總鋪師的菜單：龍蝦沙拉、五味九孔、天鵝燻肉、貢菜竹筍、花好月圓、什錦魚翅、紅燒蝦菇、蠔油魚捲、海參頭菇、竹笙鮑魚、福祿壽盤、干貝豬肚、果汁點心。

二、曾正興總鋪師的菜單：龍鳳雙味、蔥油九孔、麻油雞腰、花好月圓、神仙跳牆、龍蝦味噌湯、脆皮炸雞、清蒸石斑、什錦干貝、炸蝦雞腿、竹笙海鮮參、四寶肚湯、點心果汁。

除了傳統常見料理方式蒸、燉、燴以外，現在還多加了一些焗烤和鐵板料理，除了因為飲食方式的改變，這些料理可以發包出去，現場加熱就可以，不像以往那麼「費工」，加上全程從頭到尾都按照古法的話，十分費人力，而現在最缺的就是人工。

辦桌的不同場合

辦桌大概分成幾種，如果是廟會的辦桌，先要到場致意，喪宴也要在靈堂拜一下。如果是婚宴的話，成雙成對喜氣，菜餚要雙數才吉利，喪宴的話則要單數。如果是新房子入住要請客，第一道菜要吃雞，和「起家」的台語同音，而且有時還要考慮到族群的差異，像是閩南人結婚、訂婚都不能吃鴨，因為新娘可能會被「押」走。

前幾年有部電影《總舖師》，以南部最有名的蒼蠅師遺孀和女兒為主角，原本拒絕傳承父親廚藝的女兒詹小婉，在因緣際會之，接下了「辦桌」的任務，而且因為債務的關係，加入了政府舉辦的「第一屆總鋪師」比賽。影片透過喜劇的方式，描述市井小民的心聲，詼諧卻感人。

現在從事總鋪師的人越來越少，電影將總鋪師的辛苦，還有以往農村社會的

從大廚到上菜的人，每個人都要能精確地讓香噴噴的菜餚上桌，很考驗總鋪師的調度功力。

純樸刻劃了出來，裡面還講了好幾個總鋪師的故事，每個人生經歷都不同，都在用自己的生命來作菜，有感覺的人就吃得出其中的味道。

總鋪師這個行業的確在式微，高雄的內門鄉有很大一群總鋪師，主因是這裡不大容易討生活，其中有一批人到台南的龍崎學藝，現在還有超過一百五十戶人家從事辦桌業。本來內門還有竹業和養豬業，但是遇到時代變遷，後來只剩辦桌業，全盛時期有高達兩百組人馬可以出動，成為當地最重要的經濟項目。

由於時代的變遷，再加上場地的限制，現在還有衛生條件的要求，較難在路邊搭棚，而且人口銳減，加上高溫和辛苦的環境，年輕人不願意投入，今日的婚喪喜慶和活動大部分由飯店或生命禮儀公司包辦，但還是有人特別選擇辦桌，因為質樸、溫暖且帶有人情味的感覺，因為大家都知道，總鋪師的手藝一定要好，功夫一定要夠，才能駕馭如此多的食材和人手，端出一盤盤精緻的好菜。

21

客家小炒

傳統中有創新的客家菜代表

每個人想起客家菜都會想到「客家小炒」，那已經不僅只是客家人的味道，而是每個台灣人腦袋都會浮起的味道。

我喜歡看食物的展覽，食指大動，將食物與地方的旅遊結合在一起。二〇二三年台灣美食展不只呈現美食，還展出各地農業近來的特色，以及最新的發展。客家委員會大力推展客家飲食文化，還舉辦了客家小炒比賽。

Slow Fast-Food的客家小炒

我在台灣美食展中看到客家小炒冠軍主廚連偉成在現場展現廚藝，他除了用常見的五花肉、魷魚和豆干翻炒以外，這道料理的特色還在於加入了花蓮的在地食材甜龍筍。

主廚說加入筍子可以豐富客家小炒的口感，又可以吸附客家小炒中的油脂，能讓大家印象中較為油膩的客家小炒具有清新的味道，而客家委員會近年推廣的Slow Fast-Food，就是既快且慢的概念，提倡有傳統也有現代。

Slow是客庄的慢活態度，Fast-Food則是現代的生活方式。年輕人喜歡新鮮的食物，也習慣西式的飲食，至於如何在客家飲食文化中讓兩者調和呢？我看到了客家飲食的攤子還有達美樂，眼睛為之一亮，原來是美國的達美樂披薩加入客家小炒和梅干扣肉的風味，雙喜披薩一次可以吃到兩種口味。

不斷創造的飲食傳統，將我們原本以為的客家小炒加入新的味道，同時思考過去所繼承的客家風味。客家小炒本來就是客家人來到台灣之後，順應台灣的風土還有自己勤儉的文化所創造出來的菜色。

客家人雖然自稱來自中原，但其實混雜著不同時代的移民經驗，並分散到不同的地方。來到台灣的客家人，雖然有的居住在海邊，但有不少聚集在平原與山地的丘陵地帶。

客家小炒的原味

客家小炒的原料有三層肉、泡軟的乾魷魚、豆干，北部會加上芹菜，用青蔥、醬油、辣椒和米酒等調味料拌炒而成。好的客家小炒要能吃到三層肉的肥軟，但不能膩。魷魚要有嚼勁，韌性不能太強，以免嚼不動。

雖然早期的「客家小炒」偏鹹，方便勞動階層和農人流汗後配著大碗大碗的白飯享用。但現在的「客家小炒」應該以香氣為主，讓人能感受到各種食材豐富的滋味，而非濃重的鹹味。

客家人的祭祀除了初一、十五拜伯公

客家小炒主要食材有三層肉、泡軟的乾魷魚和豆干，用青蔥、醬油等調味料快炒而成。

（土地公）外，年節也會祭拜祖先和神明。如果是閩南族群的三牲，一般都會用雞、豬和魚。客家人大多住在山區和平原的丘陵，海味難以獲得，通常會用風乾的魷魚作為祭品。

由於居住地的關係，食物來源較不穩定，保存食物變得很重要。本來的客家豆乾是將長豆切成手指的長度，用加入鹽巴的水汆燙，在火中以小火滾三分鐘，撈起來瀝乾後，將長豆在太陽下曝曬兩三天，讓豆子完全的變硬，如此作法的豆乾香氣很濃。

山區生活不易，對於食材的使用相當節省，剩餘的豬肉和魷魚，加上快速熱炒，讓客家菜有所謂的「四炆四炒」，其中的四炒就是客家小炒、豬肺炒鳳梨、薑絲炒大腸、芹菜炒豆皮。

我很欣賞的是食材的原味。在超市和一般傳統市場買菜的人很難理解菜味了。但當我住在客家村莊時，吃的都是旁邊用好水種植出來的芹菜，這裡的水號稱「仙水」，而山就叫做「仙山」。

我雖然不是客家人，但長期在客庄生活，父親喜歡山林生活，買下了一片山林，在苗栗獅潭的仙山。每當朋友問我說，你的山叫什麼名字？我就回說：「仙山。」

「別騙人了啦！你愛開玩笑，哪有一座山叫仙山？」他們都這樣說。

「山不在高，有仙則靈，我就是仙人。」我又活靈活現地講了開玩笑的話。

但這座在獅潭的山真的是仙山，而且我覺得山腰的仙山農園營業已經超過六十年，農園的客家菜，好在食材，每一項都是在一、兩公里內取得的。豬肉是當地的黑豬，豆干是手做的，只有魷魚是外來的。客家料理的好在於節省，所以用當地豬隻和食材，最能吃到在地的味道。

有好的水質和土壤，可以讓芹菜的「菜味」足，香氣豐富、汁液滿盈、口齒留香。清新的芹菜配上三層肉，原來是芹菜的汁液、三層肉的油汁和豆干的口感搭配在一起，才是「客家小炒」的箇中滋味啊！

各地美味的客家小炒

獅潭附近的三灣有一家「阿戌嫂的店」，老闆雖然不是學廚藝出身，但在料理比賽中經常得獎，除了得到客家溫馨團圓年菜的獎項，還是客家美食節目的顧問。阿戊嫂的店將「客家小炒」改菜名為「笠馬下的炒肉」，指的是以往在斗笠下辛勤工作的客家人，現在則是聞香下馬。而這裡的客家小炒，特色是在下面鋪了油飯。客家小炒那香、油、鹹的湯汁會滲到糯米飯中，搭配著糯米香，讓兩者之間的調和風味更加獨特。很多店家的客家小炒用的是工業製成的鹽和味精，充滿加工的味道。然而，阿戊嫂的店用的是屏東的釀造醬油。

除此之外，苗栗銅鑼的「福欣園餐館」燒的客家菜，在傳統中增加了創意。顧及到現在人不吃太油的關係，料理時會先切除豬皮，除了原本的魷魚、蔥和辣椒以外，還加入蝦米，讓客家小炒香氣更盛，肉香之外更多一層鮮味。

楊梅富岡也是客家人聚集的地方，這裡有一間「信義飲食店」，古色古香的店家，特色在於家傳的香蔥油。由於是獨門配方，香氣豐富，讓鹹味更具層次，不是使用市售醬油可以比擬的滋味。除此之外，此店的豆干和肉絲，和一般吃起來乾澀的不同，充滿滑嫩的口感，為客家小炒增添不同的風味。

信義飲食店傳承已經百年了，每次去吃的時候，都擔心老味道會消失，但看到老闆生的雙胞胎姊妹，有的已經成家，但已經擔負起廚師和內外場的工作，就覺得下次來應該還能吃到老味道的新傳承。

不管是混雜成披薩的客家小炒，或是在山林裡傳承六十年以上的客家料理，一盤客家小炒，多種詮釋，透過傳統與現代的對話，這道菜說的是台灣的故事。

22

牛肉麵

台灣發明的川味

「你們台灣來的牛肉麵真好吃！」我在中國的時候，有朋友跟我說。

「你們本來有牛肉麵嗎？」我問。

「有啊！但蘭州牛肉麵和台灣來的不同。」

我念碩士和博士時都在四川做考古的田野旅行，當時的論文題目是一九八六年出土的三星堆祭祀坑。三星堆最讓人印象深刻的就是眼睛異常巨大，還有貼金箔的青銅面具、神樹和上千件特別的器物。

我是台灣少數唯二研究三星堆的學者，在求學的階段也在四川很多地方待過，但台灣很多家牛肉麵都強調「川味」，而四川的牛肉麵很多都強調是台灣來的，那麼究竟台灣的「川味」何來？

川味牛肉麵，四川沒有

說起源頭，大家都說牛肉麵來自中壢或左營的眷區。但早年生活困苦，用的牛肉普通，麵條則看每家自行製麵或機器擀麵，湯頭則來自中藥、香料與牛肉的比例，各有不同。

牛肉在湯頭上常見的有清燉、紅燒和番茄等口味，使用的部位常見的有牛肉、牛肚、牛筋、牛雜和半筋半肉，牛肉麵可以說是台灣的國民美食。然而，從族群和歷史來看，一九四九年國民政府來台之前，台灣民眾並不把牛當作飲食的選擇，主要食物還是受到日本人影響，不僅吃以往的在來米，還吃日本人培養、與壽司米較近的蓬萊米。

以前我在台大讀歷史研究所的時候，曾經上過逯耀東教授的課。逯耀東教授除了是魏晉南北朝歷史的專家，也喜歡考察飲食歷史，曾經寫過《肚大能容》，追索牛肉麵的來源。他指出：

將牛肉與麵條合成的牛肉麵卻創於台灣。牛肉麵冠以川味，但四川卻不興此麵。當年和川味牛肉麵同在台北流行的，還有清真牛肉麵。清真牛肉麵是清湯的……，清真牛肉麵沒落以後，剩下的只有川味牛肉麵一枝獨秀。……不僅在台北市或全省各地城鄉市鎮，都可以看見川味牛肉麵的市招。這種現象說明了一個事實，就是吃牛肉麵的人口普遍增加。

究竟牛肉麵為什麼會冠上川味呢？逯耀東教授指出是來自岡山的眷區。國民政府撤退來台，中國空軍基地的人員和設備由四川成都遷移到岡山，在此成立了空軍官校、空軍機械學校和空軍通信學校，有將近兩萬的外省移民，圍繞在空軍基地旁邊。

「明德豆瓣醬」創辦人劉明德來到台灣後擔任士官，後來被迫從軍隊離開。劉明德想念家鄉四川的豆瓣醬，決定自製，運用獨家配方做出微甜的豆瓣醬。

各種味道的牛肉

夠味的紅燒牛肉麵湯底一定要搭配豆瓣醬，可能「川味」即由此而來。早年台灣還有清真牛肉麵，因為穆斯林信奉回教，不吃豬肉，所以台灣發明的牛肉麵相當符合胃口，台北醫學大學旁邊的「穆記牛肉麵」就和穆斯林的信仰有關。

延吉街的清真中國牛肉麵，老闆要誦讀可蘭經才宰殺牛隻，信仰虔誠，而且對於牛肉的部位掌握得相當出色，這家的招牌牛肉麵裡面有牛腩肉、肩膀肉、頭頸肉，吃起來口感豐富，每種肉質都能展現出最佳的特色。

蘆竹的「匠骰子」，牛隻屠宰符合穆斯林的處理方式，很顯然是為了越來越多

紅燒牛肉麵一定少不了豆瓣醬的香味，可能也是川味的來源。

的新移民，除此之外還獲得溯源餐廳的認證，清楚說明食材的履歷，讓傳統牛肉麵又有了新高度。

顯然不是台灣所有的牛肉麵都要配上岡山的豆瓣醬。牛肉麵會傳播，和麵條的普及有關，大部分眷村中的生活狀況都不太寬裕，一般軍人的軍餉不多，除了在市場買菜，也在自己家裡種菜，或養些家禽和家畜。以前有「眷補」，透過補給證，領取米、油、鹽、媒和麵粉等。因為美援的關係，提供相當多麵粉，而且天主教和基督教會在傳教時也會發放物資，很多眷村媽媽去領取麵粉和奶粉補充家用。

由於外省族群有些是北方來的，吃牛肉的習慣較多，加上麵條的普及，而且牛肉麵相當方便，只要有一鍋獨門配方燉煮好的牛肉，將麵煮好後澆上一勺就完成了，不僅在家裡食用方便，在外面做生意也可以迅速完成。

平價與頂級的牛肉麵

牛肉麵的起源地除了岡山，也有人說是中壢。剛好我從小生活在中壢，而且現在在中央大學教書，每天從家裡到學校的中間，就是新明和永川牛肉麵。

新明市場旁的牛肉麵早在一九五三年就有了，湯頭獨特，而且相當質樸，牛肉大塊有嚼勁，仍然有著早期攤商的感覺，而且大碗又便宜，還可以續麵；一早七點就開門，給來市場工作的勞動階層補充體力，一路開到晚上十二點。旁邊的永川牛肉麵營業時間二十四小時，很多晚上工作和夜歸的人都會到永川，加湯加麵免費，所以下課時總是滿滿的學生，能夠滿足他們飢餓的腸胃。

有質樸划算的牛肉麵，也有頂級的牛肉麵。一般人會為了牛肉麵花多少錢呢？全球最貴的牛肉麵就是開業三十多年的「牛爸爸牛肉麵」，最貴的「元首牛肉麵」高達一萬元，牛爸爸為什麼敢開這樣的價錢呢？不僅麵條就有四種，時間都精準確實，牛肉是牛肉麵的靈魂，所以按照牛肉的高級程度來決定價格。燉煮可以讓牛肉的香氣和肉質產生微妙的調和，熬煮牛肉之後還要沉澱、去油、冷凍、熟成，耗時三天才能夠完成濃度與香氣兼具的湯頭，牛爸爸的口號是：「一碗好吃的牛肉麵，讓牛爸爸為你量身訂做。」不只在台灣成為話題，連CNN和《華爾街日報》等國際大媒體都來報導。

我到新竹的時候，一定會來碗「段純貞牛肉麵」，一九四八年從四川來的段女士，為了生計，製作辣豆瓣和滷味販售，後來孫子樊廣志為了紀念奶奶開了這家店，將好味道留下來。段純貞不僅是麵條，連牛肉也有豪邁的感覺，麵條渾厚且彈牙，厚切的牛肉帶著筋絡，吃起來相當軟嫩，湯色則接近黑色，湯頭十分濃郁且豐富。

冠軍牛肉麵的選擇

台北市有舉辦牛肉麵節，每年會選出最好吃的冠軍牛肉麵，有得過冠軍的店家都是一時之選。我喜歡「18冠軍牛肉麵」，本來是老闆在夜店Room 18給員工的員工餐，後來改變配方，參加了牛肉麵節的比賽，拿到冠軍，一炮而紅，成為要排隊的熱門店家。

點了一份限量的牛肉麵，香料混合了數十種，辣椒的確夠純。在溼冷的天氣，吃完脾胃暖且身體舒暢。

牛肉麵越來越精緻，連米其林的星級主廚，像是江振誠和陳嵐舒都開始做牛肉麵的調理包，食材的選擇每個部分都很講究。江振誠的「紅白」牛肉麵分別代表紅燒和清燉的作法，濃郁的紅湯和淡雅的白湯，配上頂級牛舌、牛筋、蜂巢肚，還用日本的備長炭烤過增加香氣；利用來自四川的香料和大紅袍，麵條則是台南的關廟麵，算是融合中國與台灣的元素，讓餐桌成為飲食文化交融的場所。

主廚陳嵐舒想起牛肉麵大塊的牛肉，還有鮮甜滋養的湯頭，就感覺像是回到了家。而江振誠在巴黎的時候也曾滷了一鍋牛肉，想吃的時候下個麵，就會有家鄉的感覺。

外省移民來台創造了牛肉麵，後來傳回中國。以後符合穆斯林屠宰方式的台灣牛肉麵，應該也會南向進入東南亞國家，讓食物融合更多的文化。

23

肉圓

繽紛豐富的口感大集合

台灣很多食物會戰南北，但是肉圓這道小吃雖然有各自的喜好，很少看到彼此之間無法容忍，各有擁護者，每個人在成長過程中都養出了各自的偏好。

飽足感十足的肉圓是怎麼做的呢？外皮具有彈性的肉圓是酥炸粗粒番薯粉製成，在水中溶解的番薯粉加熱後會黏稠，在以往物資較缺乏的年代，白米供應困難，就用肉圓來增加飽足感。

彰化是肉圓大縣

從彰化縣內最早販賣肉圓的蔡錦隆先生的口述歷史可以看到，在日治時期就有人做肉圓，但戰爭發生的時候，番薯和豬肉都不容易購得，一直到戰後，彰化市的肉圓店便紛紛從小攤子開始賣起。「正彰化肉圓」的第三代傳人蔡必端提到，肉圓應該是在清朝統治時期就有了。

「彰化肉圓生北斗，北斗肉圓生瑞火。」彰化堪稱肉圓縣，二十六個鄉鎮中有將近一半都在賣肉圓。林明德先生編著的《彰化縣飲食文化》指出，位於中華路奠安宮附近的「肉圓生」、「肉圓瑞」店鋪，分別由范龍生、范瑞銘兄弟經營，過去農業社會番薯的種植相當尋常，主婦因緣際會下用番薯粉捏製出來，即為今日的肉圓。

有些地方叫肉圓，有些地區則稱作「肉丸」，而我們鹿港人稱為「肉回」。為什麼稱為「肉回」？因為肉圓裡面包著肉塊，剖面形狀很像「回」字，這是其中一種說法；也有人說是因為肉圓起鍋時，會用叉子將肉圓的油撥返回油鍋的動作，唸起來也類似台語的「回」。

我是鹿港人，很喜歡「大頭肉圓」，是超過百年的店家。這家用糯米和地瓜調製的肉圓，採用油泡的方式，相當彈牙，內餡豬肉是細長的肉條，淋上一層米醬和特調醬油，吃完後除了鹹甜的滋味，還會回甘，留在嘴巴中久久不散。

肉圓也有不少故事，但一開始的起源都跟饑饉和水災有關。日治時代以前，濁水溪很容易氾濫成災，北斗也有船舶可以到達，但容易有水患。當遇到天災收成不好的時候，居民就用番薯搗成粉再加糖來充飢，但甜食容易膩，所以就用大頭菜當內餡用以裹腹，也可以加點碎肉混在菜裡增加香氣和飽足感。

皮、內餡、沾醬缺一不可

好吃的肉圓，皮是很重要的關鍵，早期是以滾糜仔（稀飯）摻番薯粉，之後有的是加入米漿，後來再改成全都是番薯粉作的肉圓皮，每一家的的配方都不太相同，有的是番薯粉加太白粉，有的使用在來米粉加番薯粉。

彰化知名的「正彰化肉圓」和「阿璋肉圓」，使用台南善化生產的番薯粉，在雨量較少時期生產的番薯粉較紮實有彈性；清明過後雨水較多，番薯粉水分多，黏性就會較差。肉圓能夠在金黃油鍋中保持彈性，靠的就是番薯粉的品質。

南部通常是用在來米粉做肉圓皮，比較適合蒸，而不適合用炸的。屏東肉圓大部分用蒸的，台中肉圓有加入樹薯粉、米漿做成肉圓皮，吃起來還有「粿」的味道。

內餡是肉圓的靈魂，有豬肉、筍丁和香菇，配方的比例和材料的選用，都是家傳祕方。筍子和肉的搭配，林語堂說得最好：「肉藉筍之鮮，筍則以肉而肥。」肉圓內的竹筍大多切丁，如此口感最好，只有少數是用醃過的筍絲，肉圓內的筍絲也可以增添風味。此外，阿璋肉圓選用南投埔里的香菇，而且是整朵香菇和豬肉一起，相當奢侈。

肉圓中的豬肉可以使用後腿肉、梅花肉、五花肉、胛心肉、里肌肉和排骨肉，每家選用部位或有不同，但豬肉來源一定要是台灣豬，才會甘甜。很多店家也會用溫體豬，讓口感更好，當天直送，相當新鮮。

不可或缺的沾醬，也是每家有獨門配方，光是顏色就相當繽紛，從黑、白、紅、粉紅、綠色、黃色都有，

肉圓沾醬各家祕方不同，也因此呈現出不同顏色。

醬油會呈現黑色，加入紅糟就成了紅色，黃色有些是加入味噌或是大蒜，綠色是因為加入芥末。

每家的調味料都不同，而我喜歡用米漿調味的沾醬，有些肉圓還會加入芝麻、紅糟。《彰化小食記》的作者陳淑華提到：「如果說肉圓的皮是一粒肉圓的靈魂所在，那餡和淋醬則是它的骨肉，三者俱存才能成就一顆完整的肉圓。」

從北到南的肉圓詮釋

新竹肉圓用番薯粉和太白粉製成，外表透明的粿皮，用油慢慢泡煮，相當有嚼勁，尺寸比彰化肉圓小。新竹肉圓特別講究豬肉，客家人喜歡豬肉，再浸泡客家紅糟，搭配糖和醬油。各式佐料也是新竹肉圓風味的來源，有些是剁碎的青蔥，有的是筍絲，也有的會加入熟成的栗子，像「飛龍」就使用了義大利進口的栗子。

未進鍋的新竹肉圓，裡面的豬肉透光，白裡透紅，相當誘人。新竹人還會在肉圓上押紅，有圓圈、三角、方框、星星各式各樣的押紅。現在萬華的新竹肉圓，第一代跟福州的師傅學習肉圓的製作方式，在一九一〇年左右於新竹西門一代慢慢受到重視。陳家的土地在戰爭期間被徵收，於是他們帶了生財工具到艋舺。雖然遷徙很多次，也曾遭遇大火，但仍然維持著古法製作，後腿肉醃漬一整天的紅糟，紅糟來自新竹北埔，然後用祖傳的手法去除酒味，之後拌入香菇和嫩筍，蒸過之後再炸，從新竹到萬華飄香。

福州人擅長以紅糟入菜。基隆在十七世紀以前就有福州移民，基隆小吃很多加入了紅糟。基隆肉圓中的豬肉就是用紅糟醃過，還加入筍乾，皮薄，搭配醬油膏和甜辣醬。基隆年輕耆老曹銘宗老師說：「順伯三輪車肉圓的皮、肉、醬汁，堪稱完美的三位一體。」而且還從晚上九點賣到深夜兩點，讓夜晚也可以獲得滿足感！

彰化很多人推薦「北門肉圓」、「老担阿璋肉圓」、「阿三肉圓」。阿璋肉圓因為曾被國宴指定過，再加上電影《那些年，我們一起追的女孩》更增加知名度！店裡有兩個油鍋，溫度不同，肉圓先放進低溫油泡，再放到高溫稍微油炸一下，讓皮更具彈性，呈現晶瑩剔透的樣子。彰化甚至有肉圓街，因為以前此處是布業和成衣業加工的地方，當時包肉的肉圓是較有錢的人才能消費得起的食物。

台中也是肉圓的一級戰區，除了第二公有市場旁邊的「丁山」、「茂川」，還有「全台首圓」的「台中肉圓」。台中肉圓用叉子一掐，皮就斷開了，豬後腿肉經醃製後，有濃郁胡椒與淡淡五香粉氣息，隱約帶點蒜味，肉餡非常扎實，可以吃到整塊瘦肉口感。

豐富多樣的台中肉圓，在東區還有傳三代的「旱溪肉圓」，我喜歡這家店的醃料，香氣十足，可以吃到豬肉的甜味，而且外皮滑嫩有咀嚼感。

肉圓除了好吃與口感，台中「梁家肉圓」經營快四十年，其特製的米醬相當粉嫩，有種少女感。粉色系的米醬也有加入紅糟，還會搭配蒜泥、醬油和香菜，帶著甜、鹹和一點點的蒜味；內餡是大塊的肉塊和蘿蔔丁，相當扎實且充滿甘甜味；油瀝得很乾淨，搭配蘿蔔湯一起吃，口感清爽且淡雅。

豐原的「新金樹肉圓」，炸好且瀝油，淋上粉色的甜米醬、醬油膏，粉嫩有如少女的粉紅泡泡。肉圓的外皮軟，有彈性且厚度適中，內餡瘦肉扎實，口感相當豐富，鹹甜平衡。配上用大骨湯頭煮的餛飩，相當對味。

屏東肉圓也相當具有特色。二〇一七年開始舉辦「屏東肉圓節」，「繫。本屋」書店還在《早安、屏東！》刊物中梳理屏東肉圓的各種流派。

屏東人的肉圓大部分是用蒸的，孔廟後面有很多肉圓攤子，最早的「阿化肉圓」沿街叫賣，已經超過百年。郭漢辰在二〇一一年發表的〈百年夜市傳香〉一文中提及，「阿化肉圓」、「正老牌屏東夜市肉圓」、「正夜市肉圓」其實都有親戚關係。

屏東肉圓因為在來米含量高，米香濃，番薯粉展現出肉圓的剔透感，肉餡比起油炸的肉圓相對單薄，但簡單也是種美，醬汁是用豬油提香，再加上蒜末和芹菜、香菜，簡單中也有豐富的層次。

從南到北，台灣各個地方都演繹自己的肉圓，從皮、肉到醬汁，用蒸、炸不同方式，展現出多樣且繽紛的肉圓世界。

24

蚵仔煎

巷口夜市那熟悉的鮮香味

韓國的實境影集《黑白大廚》引起大眾廣泛的討論，台灣後續也跟著拍了實境綜藝《夜市王》，節目中有做一項調查：全台最具特色的蚵仔煎。

北、中、南、東的夜市都有蚵仔煎，看來我們對於粉漿相當執迷，像是芋圓、粉圓、粉粿都是粉漿類的食物。或許食物中有柔軟、滑順、彈性等特質，就是台灣人喜歡的口感。粉漿類料理中，最受歡迎的其中一項就是蚵仔煎。從《遠見》雜誌調查中發現，蚵仔煎是最能代表台灣小吃的食物，幾乎只要有夜市的地方，就會有蚵仔煎。

代表台灣小吃的蚵仔煎

台北最為知名的蚵仔煎應該就是寧夏夜市的「圓環邊蚵仔煎」，以大火快煎，火侯相當精準，口感酥脆，才會讓香氣逸出來。每天從台南送來的鮮蚵帶著海洋的氣味，搭配上甘甜的醬汁，讓全世界最有錢的人都來品嚐。

最挺台灣的黃仁勳，是現在全世界市值最大公司輝達的執行長，出生自台灣的他，每次從國外回來一定要到夜市，那是他感受台灣味道的地方。他還帶了沒逛過夜市的台灣積體電路創辦人張忠謀董事長一起來吃蚵仔煎，讓平價的小吃頓時尊爵不凡！

以前我住在國外很久，每次回台總要到夜市的不同攤子一直吃，旁邊的朋友很驚訝地說：「我都不知道你的食量這麼大！」

「你知道我已經累積了多少鄉愁，這些都是鄉愁的飢餓。」

蚵仔煎可以算得上是代表台灣小吃的味道，因為蚵仔（牡蠣）養殖在中南部海邊，所以古都台南和鹿港都有很多小吃與蚵仔有關。安平的「歐家蚵仔煎」從一九六一年就開始經營，本來在安平古堡旁的榕樹下擺攤，薄脆的餅皮吃起香酥四溢，配上清爽的蔬菜，還能提升蚵仔煎的鮮味。

我的老家鹿港也有很多蚵仔，天后宮前面都是蚵仔煎攤子，但在地的人會吃「阿道蚵仔煎」，因為和產地相當接近，蚵仔都相當肥美，而且粉漿的比例調得剛好，可以襯托出蚵仔的鮮味。阿道這裡還能吃到鹿港才有的知名小吃「蝦猴酥」，也炸得相當酥脆。

基隆廟口夜市三十六號攤的蚵仔煎，第一代老闆曹賜福本來推著小攤，蚵仔煎堅持用炭火煎，會有點酥脆的焦香味是其特別之處。

另外現在也有創意的蚵仔煎，將蚵仔用章魚燒的方式做成「蚵蛋

蚵仔的鮮味、粉漿比例與醬汁的調配，都是美味蚵仔煎的關鍵。

燒」，看起來就像是章魚燒，一球一球地賣，可以邊走邊吃，在台中一中商圈的「蠔大一口」還可以選擇各種口味，台灣人在小吃的創意上真是無窮盡，不僅結合各種飲食文化，還創造出多元性。

蚵仔煎哪裡來？

台灣的小吃都有些傳說，蚵仔煎就和鄭成功攻取台灣的歷史有所連結。傳說當時鄭家的軍糧被斷，飢餓的士兵取用在地的蚵仔，結合相關食材做出這道料理。但是傳說的可靠性不高，我們不如看看鄭家軍所向披靡的範圍。

鄭成功的父親鄭芝龍帶領水軍從台灣到東南亞，剛好這些地方都有類似蚵仔煎的食物，在中國東南沿海稱為海蠣煎或蠔烙，東南亞和星馬稱為蠔煎，作法的都是以牡蠣和植物澱粉調配，差異在於每個地方的比例不同。

福建閩南說的「蚵仔」，廣東稱之為「蠔」，江浙一帶稱為「蠣黃」，在中國北部稱做「蠣子」，日本則將之視為「根之源」，覺得相當營養，而且吃了會充滿精氣！

廈門的海蠣煎在牡蠣盛產季節才有，但不像台灣的蚵仔煎會加蛋。潮汕地區的蠔烙是用當地產的石蚵，講究「厚朥、猛火、芳臊湯」，豬油就是潮汕所講的朥，在平底鍋上加豬油，大火煎至外酥內軟。星馬一帶的蠔煎是將蚵仔和粉分開煎，再合在一起，星馬地區較熱，都會加辣以增加食慾。

從考古證據來看，台灣人接觸蚵仔相當早。李匡悌的研究指出，台灣在五千年前新石器時代的大坌坑文化，對於蚵仔的採集就已經相當頻繁，會以燒烤的方式食用。當時的人無論生吃或火烤，都很懂得享用新鮮的牡蠣！後來不同的移民進來，讓牡蠣可以搭配不同的飲食文化。

鮮蚵是蚵仔煎的關鍵

從日治時期總督府殖產科技師萱場三郎的考證，提到一七一九年，泉州人才在東石養殖蚵仔，將閩南、廣東的食蚵文化帶進來。

我是鹿港人，從小就常吃蚵仔，一九一七年的鹿港詩人許後根，寫過一首詩〈種蠔〉：

竹插寒沙浪作疇，蠣從無盡藏中收。耕山畢竟輸耕海，旱魃雖遭總不憂。

由於台灣海峽的豐富氧分，牡蠣不必擔心收成的問題，「二月蚵仔肥，韭菜香」，二月開始進入牡蠣的盛產期，中秋以前都可以吃到鮮蚵。台灣西海岸養殖牡蠣的歷史相當長久，蚵仔煎的關鍵在牡蠣，但粉漿的調配比例和相關搭配的醬汁，則會影響牡蠣的風味。

對愛吃蚵仔煎的台灣人來說，牡蠣是否新鮮？夠不夠肥美？醬汁調配比例是否平衡？還有醬汁是否對味？這些都是攸關蚵仔煎好吃與否的關鍵。搭配的醬汁也相當多元，常見的有番茄醬、蒜泥、醬油、醬油膏、甜辣醬，也有加入味噌、海山醬，或與在來米粉一起熬煮的甜醬配製出獨特口味。

我不大能接受蚵仔煎沒有肥美的鮮蚵，或是店家為了省成本減少蚵仔的數目，有些店家推出的「蛋煎」，就我看來根本是邪魔歪道。蚵仔煎首重新鮮的蚵仔，從產地直送的鮮蚵，上游到下游整合在一起，比方說在不同縣市都可以看到「東石鮮蚵」，讓東石與蚵仔聯想在一起。

相較於海蠣煎、蠔烙、蠔煎，蚵仔煎展現出不同的樣態。台灣人對於蚵仔煎的愛好，可以從全台不同夜市的開枝散葉看出來，甚至可以撫慰海外遊子的鄉愁。巷口夜市的蚵仔煎，熟悉的味道，卻餘韻無窮。

25

鹽酥雞

台式油炸的美味奧義

鹽酥雞是台灣人的靈魂料理，有人說第一家是一九七五年台北市西門町的「台灣第一家塩酥雞」，但也有其他據說更早開的店。鹽酥雞發明的時間雖然晚，但普及率相當高，而且宵夜的第一選擇往往是罪惡又香酥的鹽酥雞。

鹽酥雞在起鍋之前放進九層塔爆香，增加香氣，然後起鍋瀝乾油後再撒上胡椒鹽，有些還會加上味道濃厚的蒜末、蔥花，根本就是集所有重口味和不健康的大全，卻是每個人在熬夜的時候腦袋裡第一個想到的食物，必須如此邪惡才能撫慰一天的辛勞！

大街小巷都有的鹽酥雞是怎麼來的呢？和雞排是一起開始發展的嗎？台式鹽酥雞和其他地方的炸雞又有什麼不同？

台式與日式炸雞

「日式炸雞」的日文寫成「唐揚げ」，但日文的炸雞卻是平假名直接翻譯Fried chicken（フライドチキン），究竟他們的差別在哪呢？我有一次看日本富士電視台的綜藝節目，節目裡用機智問答的方式來討論日本語，發現也不是每個日本人都了解。節目中說「唐揚げ」是根據日本唐揚協會所制定的，指的是：

雞肉（也包括雞肉之外的肉類、魚類、蔬菜等）使用油炸的烹飪方法所製作出來的料理。是以食材小麥粉、生馬鈴薯粉包裹薄薄一層，然後用油煎炸的食品。

日本沒有炸雞協會，所以還沒有定義，但日本人用片假名拼出來的炸雞，會跟美式炸雞比較類似，像我們所熟知的肯德基，是從美國南部開始，和本來非裔美國人所食用的靈魂食物比較有關係。日式炸雞則是會先用醬油和一些調味醃製一下使之入味，才會上粉去炸。但炸雞則是不會處理雞肉的味道，主要是在包覆的麵粉上加味。

回到日式炸雞，我們來看看「唐揚」是怎麼來的吧。有一說是以前在奈良的「唐揚」是素食，「揚げ」（讀做AGE）指的是沾粉油炸的方式，因為從中國來，故稱「唐」。然而，後來歷史學家在史料中都找不到「唐揚」二字。江戶時代的料理書中，我們可以看到發音相同的「からあげ」，但並非寫成「唐揚」。有趣的，這是一本介紹中國素食的書，介紹的是炸豆腐，並非炸雞塊。

販賣日式炸雞最早的店，是在洋風味很濃的銀座。一九二五年創業的「三笠會館」，名菜就是「若鶏の唐揚げ」，在一九三二年推出。由於當時的業績不佳，主廚就以中國炸豆腐為靈感，結合日本式的調味方式。西方的炸雞都較大塊，像肯德基的是用手拿著吃。日本雖然也習慣用手拿，但覺得在餐廳中還是應該以使用筷子為主，所以創造出可以用筷子夾取的日式炸雞塊。

台式鹽酥雞也有類似的想法。有一說是一九七九年台南的「友愛鹽酥雞」看到當時的美式炸雞很流行，但體積過大，而且都要用手拿著吃，會弄得很油膩，和台灣人平常吃東西的習慣不合，所以改將雞肉切小塊後油炸，附上竹籤就不會沾手。

也有一說是西門町的「台灣第一家塩酥雞」用特殊佐料醃漬雞肉，油炸得外表金黃，酥酥脆脆，灑上獨門調味料，越吃越好吃，因此在台灣遍地開花。

上面的說法一個是強調吃法，一個強調風味，都顯現了台灣鹽酥雞之所以美味的原因，且突出了鹽酥雞和日式、美式炸雞的不同之處。日本時代就有唐揚雞，一定多少有影響到台灣，但那時候食用油昂貴，一般人用的都是豬油、花生油和芝麻油，普及度應該不高。

鹽酥雞的油鍋需要使用大量的油，動輒常備油鍋就要四十公升，使用花生油就絕對不可能賣平價的鹽酥雞，到了一九六六年，政府開放黃豆進口，製油業者從日本引進黃豆煉油技術，油的產量大增，也使成本隨之下降。從飲食文化的歷史來看，油本來就是上層階級食物中使用較多，等到油價下跌，庶民們也可以增加油炸食物的食用頻率。

所有的鹽酥雞攤子都不只賣鹽酥雞，除了油炸小塊帶骨或去骨雞肉外，通常也一併賣各種油炸物，像是甜不辣、豬血糕、洋蔥、花椰菜、高麗菜、香菇、杏鮑菇、地瓜、四季豆、青椒、玉米、玉米筍、茭白筍、魚板、三角骨、雞塊、雞腿、雞軟骨、雞皮、雞心、雞屁股、雞胗、魷魚、花枝鬚、花枝丸……應有盡有，有的還有大雞排。油炸食物最容易讓人感到滿足，什麼都可以炸，什麼都不奇怪！

台灣鹽酥雞的特色

日式炸雞和美式炸雞都是用獨門的醬料醃漬過後再裹粉，美式的用西方麵粉，日式的混合了太白粉和麵粉，創造出與美式炸雞不同的爽脆口感。台灣為了增加口感，而且要符合屬於我們的獨特味覺習慣，當然就是用樹薯粉，日後還使用在我們喜歡的奶茶珍珠上。范僑芯指出，樹薯粉油炸出來的「酥脆效果完全不輸給麵粉或太白粉，加上顆粒粗，使得麵衣只需裹一次乾粉，就可以在油炸後起粗糙表皮，方便讓胡椒粉附著於上，比起美式炸雞為製造鱗片脆皮所衍生多次覆壓乾粉的龐大工程，這顯然節約很多時間」。

台灣鹽酥雞除了特別的外皮，鹽酥雞的「鹽」也是關鍵，甚至可說是靈魂。很多人以為那是一般的胡椒鹽，但如果自己在家裡混出胡椒鹽，肯定沒有外面販賣的鹽酥雞那麼香。鹽酥雞的「鹽」，特別之處其實是在於帶有中藥香料的胡椒鹽，胡椒粉在研磨過之後，吸取了很多中藥味，常見的材料有甘草、八角、桂皮和丁香，也有自己獨門配方的店家，讓顧客可以一試成主顧。以中藥入味是台灣常見的料理手法，從大菜到路邊攤，增加了食物香氣的層次。

台灣人喜歡滿室生香，只有一種味道還不夠，還要提升到遠遠的就可以知道你在吃什麼，讓聞到的人趕緊去接著排隊，而九層塔就是讓鹽酥雞香味更升級的關鍵。台菜中的炒蛤蠣、三杯雞都有用到九層塔，蚵仔酥也會放進九層塔一起炸，起鍋前幾秒，清脆的九層塔在油鍋裡劈啪作響，香氣滿屋，讓原本的炸物更加讓人垂涎欲滴。

從鹽酥雞到大雞排

鹽酥雞一開始雖然可說是從美式炸雞轉變而來，用竹籤比較方便一口吃，但炸雞排又是如何異軍突起，而且越來越大塊呢？除了豪大大雞排，以前我在台大讀書的時候，每到下課的時候都飢腸轆轆，會去福利社買「姐妹花雞排」，是外面雞排的兩倍大。台灣人為了符合邊走邊吃的（壞）習慣，可以直接用紙袋裝，一邊撕扯雞肉，一邊感受香酥的雞排美味。但，雞排的誕生和鹽酥雞有關嗎？

其實雞排店是從眷村的早餐店開始的。將近四十年前，開始賣早餐三明治和漢堡店的鄭光榮與妻子，除了賣一般早餐也努力開發新菜色。台灣人在一九八〇年代喜歡吃雞腿，但不喜歡吃炸雞，當時美式速食逐漸進入台灣，炸雞胸肉也是其中品項。雞胸肉的價格便宜，但炸法改成鹽酥雞式，將雞胸肉用中藥材醃漬，改良裹粉，讓香雞排達到外酥內多汁的效果，於是就創造出了屬於自己的台灣雞排產業。

台灣在二〇二四年贏得了世界棒球錦標賽的冠軍，成為世界第一的Team Taiwan，當時很多人在賽前都說，只要台灣奪冠，就要請大家吃雞排；或是在各式各樣的選舉場合中也會送雞排。每當半夜追劇、趕工作，或是開心歡聚的時候，鹽酥雞和雞排都會成為我們腦袋中首先浮現出的食物，而且每個人都有自己最愛的鹽酥雞和雞排攤位，說起每家不同的口感和滋味，也都有一套美味哲學。

那正是陪伴了我們人生平凡且光榮時刻的療癒食物。

鹽酥雞絕對是陪伴台灣人的療癒食物首選之一，儘管不那麼健康。

PART 3

台灣冰、茶與酒

冰品、茶飲與酒，
這些獨特風土養出的主食附餐，
透過各種融合創造不斷升級，
成為世界舞台上的台味代表。

26

台灣冰

從無冰到文明飲冰的小歷史

我曾經在日本鎌倉一間知名的「埜庵」吃剉冰，老闆石附浩太郎說剉冰是日本料理，讓我大為驚訝，我們台灣大街小巷都有冰品，難道連剉冰也是舶來品嗎？但石附浩太郎將剉冰視為日本料理是有原因的，主要是因為日本料理中有豐富的季節感，從運用的食材和食器都可以感受到四季的變遷，這就是日本料理的核心。

而說到台灣的冰品，還真的跟日本人有關。本來以前來台的漢人沒有製冰技術，夏天要消除酷熱的暑氣，只能靠一些清涼的飲品，像是仙草、愛玉、米苔目、杏仁茶等。

歷史學家連橫在一九二〇年出版的《台灣通史》裡記載：「台灣為熱帶之

地，三十年前無賣冰者，夏時僅啜仙草與愛玉凍。」可見製冰技術和冰品應是日本人帶來的。

日本的製冰技術也是從國外引進，一八三四年美國發明家雅各布・柏金斯（Jacob Perkins）透過乙醚作為冷媒劑製作冰塊，明治維新之後引進日本，一開始主要是為了保存食物，但發現販賣冰品更有商機，才發展出日式刨冰。

台灣天氣太熱，對日本人來說相當不適應，在統治台灣的隔年一八九六年十月，日本在東京成立了「台灣製冰株式會社」，將冰塊送往台灣，但因運送費用高昂，比日本本土貴了三倍。

後來英國商人賀禮那與商人李春生合作，在大稻埕建造第一間製冰廠。二十世紀初期從北到南，台灣各地成立製冰會社，每個城市幾乎都有，製冰主要是提供食物保存或醫院的需求。

以前製冰的方法是抽取地下水，接著以鵝卵石、木炭、稻草、細沙和紗網過濾，濾過的水倒進鋞桶，注入冷凝劑阿摩尼亞和鹽滷。桶中有風管，打進空氣使水滾動，從外往內一層一層逐漸結冰，製好的冰磚重一百多公斤，再加以裁切成

一、兩公斤的冰塊。

人人都想吃冰！

從《臺灣日日新報》上的記錄來看：「大地像熔爐一樣，人人都想吃冰！」台灣的剉冰剛開始就是從日本刨冰轉型而來的。由於製冰太好賺，製冰會社之間彼此競爭讓冰價大跌，每個人都消費得起，而一旦冰價下降，做成冰品後就有利可圖。

最早來到台灣的冰品，就是我們現在經常見到的剉冰。當時第一家製造剉冰機的慶用機械是將冰塊削成碎冰與冰屑，但不是每家都有機械，在剉冰機發明以前，是用刨刀或鑿刀等器具將大冰塊做成可入口的冰屑或碎冰，在刨出山形的碎冰上面加糖水或香蕉油增加香氣。

香蕉油是日治時期研發出來的一種化學香料，帶有香蕉與水梨的香味。另外有些店家會加楊桃、酸梅或蜜餞湯，老字號的台中「豐仁冰」、高雄的「阿婆冰」都有這樣的發展過程。

日治時代在台灣大為流行的冰品，還讓中央研究所藥學博士中尾萬三提醒大家要「文明飲冰」，他在一九二四年七月二十日的《臺灣日日新報》寫文章跟大家說「切忌鯨吞虎吸」，以免身體過寒而造成腹瀉，同時也要「注意場所、容器清潔」，不然會生病。

我們還可以從一些名人日記中看到除了剉冰之外，還有各種不同的冰，像是曾擔任過《臺灣民報》記者的黃旺成就喜歡吃各種冰，他在公園吃冰淇淋，當時還有所謂的宇治冰、日式抹茶刨冰，他還吃過一種以糯米皮包著冰淇淋的和菓子，叫做「アイスモナカ」（aisumonaka）。

台式剉冰的豐盛配料

從日本時代留下來的刨冰，後來變成台灣式的剉冰，台式剉冰與日本剉冰大多僅使用一種原料不同，台灣人喜歡澎湃，不只加一種材料，而是要盡量多放一點的綜合冰。

我喜歡到麻豆的龍泉冰店，這間超過百年的老冰店有台南最盛產的愛文芒果，也有老闆每天熬煮的蜜芋頭，味道甘美，而且質地相當綿密但不會有厚重的感覺。值得一提的是來自阿里山的愛玉，口感滑順，香氣撲鼻，只有天然的才能有如此感受，還有手工粉粿，由番薯粉和黑糖製成，輕咬下去還有著彈性，連仙草也發出淡淡的清香。龍泉的每種配料都是自然且新鮮的原料，而且第三代的老闆娘每天熬煮配料，數十年如一日。綜合冰有五種配料，可以看出台灣剉冰就是要豐盛，而且還會灑上麵茶，淡雅的香氣久久不散，增添了每種配料的風味，也讓口中的味覺層次更加多元。

光是台南市政府觀光旅遊局在二〇二〇年推出的「台南冰品攻略地圖」就收錄了兩百三十五家台南冰店。台灣南部因為盛產水果，將水果加入冰品成為台灣冰的特色。

我喜歡屏東的「秋霖牛乳大王」，一籃一籃的水果，還以為這裡是水果行，牆上菜單字體工整，還有水準很高的粉筆畫。我喜歡芒果牛奶冰，滿滿的芒果比冰還要多，真是澎派。

台灣中南部還有我們的特產「月見冰」，日文的「月見」是賞月，在料理中也經常將「蛋黃」比喻為「月見」，不管是打在香噴噴的米飯或烏龍麵上，都增加了風味。但「月見冰」卻是個有著日文名字的台灣土產。

日治時代中期雖然冰品相當便宜，但二戰開始到戰後，物資短缺，到冰果室吃冰已經是奢侈的事。當經濟漸漸好轉，清冰加顆蛋黃讓台灣人想起日本的「月見」，以往相親有時候也會辦在冰果室，如果雙方都有好感，就會上個月見冰，表示圓圓滿滿。

每個地方的月見冰都稍微不同，像北港地區盛產花生、甘蔗，除了打上蛋黃，還會加上蔗糖水、花生，大部分的地方都是加紅豆，紅豆在日本文化中有滋養的意味，台灣人也繼承了這樣的文化。

台灣的剉冰還會配上煉乳，但要到美援的時期才有，一層加一層，從蛋黃、紅豆，再加上煉乳，變得超級營養，那是一個彌補飢餓的回憶。

我喜歡在彰化市的永樂八寶冰吃月見冰，一顆生蛋打在剉冰上，只有老店才有，老闆說冰店已經七十年了，他自己做就超過四十年，都是按照小時候傳承到的方法。現在有些冰果室用土雞的蛋黃，絲綢般的口感，配上煉乳的甜味，帶點蛋香，成就一碗融合了不同文化的台灣冰。

童年回憶中的冰

枝仔冰的全盛時期大概在一九五〇和六〇年代，當時很多糖廠或自來水廠都有賣，原因在於修建水廠的混凝土需要冷凍設備，等到水廠蓋好之後，冷凍設備就拿來製冰。以前大街小巷都可以看到騎單車賣冰的阿伯，搖著銅鈴，腳踏車後面有木製或是鐵製的冰櫃，裡面有一支支的冰棒。

最讓人有著童年回憶的還有叭噗冰，只要聽到小喇叭兩短一長的音效，就會衝出去找賣叭噗的阿伯，叭噗冰有台式冰淇淋的稱號，其中加了樹薯粉增添特殊的口感。早期只有芋頭、花豆、鳳梨口味，點綜合口味就可以一次吃到三種，所以還有「三色冰」的稱號。

台灣因為盛產水果，所以很多水果店在夏天也會賣冰，將冰品結合水果，銷量更佳。苗栗大湖的草莓、台中大甲的芋頭、南投埔里的百香果、台南或屏東的芒果、高雄大樹的鳳梨，都成為水果冰中不可或缺的良伴。

冰品就好像鴉片一樣，讓本來無冰的台灣，一引進之後就無法自拔的增生，延伸成我們夏天不可或缺的一部分，但不管如何，還是要「文明飲冰」。

彰化市永樂八寶冰的月見冰，是在中南部老冰店較常見到的獨特口味。

放上滿滿芒果的剉冰，是台灣夏天最受歡迎的解暑聖品。

27 泡沫紅茶

珍珠奶茶的前世記憶

台灣的珍珠奶茶風靡全世界，但對於我們六年生來說，成長過程最重要的記憶還不是珍珠奶茶，而是泡沫紅茶。以前中學和大學都住在忠孝東路三段，家裡對面就有間「小歇」。

小歇似乎就是給年輕人的生活空間，下課之後、回家吃晚餐之前，或是社團活動的討論，還是週末跟男女朋友約會，都會選擇在小歇，這裡有學生負擔得起的飲料，而且還有些點心。

我還記得泡沫紅茶店裡的星座籤，投個十元硬幣，轉一下，上面的小鋼珠跑來跑去，然後掉出一支籤，模稜兩可地說著星座運勢。那個時代星座書還沒那麼多，青少年對於未來和性向都不穩定，投個十元就很容易被唬得一愣一愣的。

麥當勞那時候還帶點昂貴的感覺，一般中學生無法消費得起，一九八〇年代適逢社會解放之年，每個年輕的靈魂都在觸碰社會的界線，想要推倒各種限制，但缺乏適當的場所，咖啡店也不多，而且當時的咖啡店並不明亮，進去的人大多年紀較大，年輕男女需要有些可以寫功課，還可以培養曖昧的地方。

泡沫紅茶的起源說

台灣人本來就喜歡喝茶，但以往都習慣喝老人茶，用陶製的茶壺和茶杯，但需要隨時煮水的水壺和大桌子，年輕人也覺得喝茶是中老年人的專利。後來一些茶藝館將較便宜的茶混入冰塊、牛奶和糖漿，利用調酒的雪克杯（Shake），搖晃以後做成冰奶茶，由於倒出來的茶上面有一層白色奶泡，才取名為泡沫紅茶。

至於哪家才是泡沫紅茶的創始店，說法有好幾種，有些說是台中的「小歇茶坊」、「春水堂」，也有人說是台南的「雙全紅茶」。

「雙全紅茶」的創辦人許添旺說，泡沫紅茶不是近年的發明，早在戰後一陣子就有。他有個遠親張番薯在一九四七年從日本回來台灣，在台南的「夢鄉喫茶店」工作，由於待在吧檯，當時台灣有很多美軍，也流行美式調酒，因此認識了雪克杯。他用雪克杯來搖茶飲，後來在台南開了茶店，販賣紅茶，將紅茶加入冰塊上下搖動，倒出來之後會有細緻的雪泡，因此有了「泡沫紅茶」的稱號。

雙全紅茶在台南經營很久，已經超過七十年，而且只賣紅茶，還分甜和鹹的口味。大家一定會想說鹹的紅茶是什麼滋味，其實對於嗜糖成癮的台南人來說，鹹的就是不加糖的意思，如果要半糖的紅茶，就要說半鹹。雙全紅茶應該是台灣最早的紅茶專賣店，但和後來大街小巷興起的泡沫紅茶店不同，這裡沒有可以坐下來暫歇的空間。

讓泡沫紅茶成為世代記憶的，應該算是起源於台中的「小歇」。本來賣茶的老闆林克伸，因為每天賣完茶都會剩下一些不同種類的茶葉，老闆覺得丟掉這些茶葉很可惜，就冷藏在冰箱。

過了一陣子，他突發奇想，覺得冷藏的茶葉值得開發，於是拿出調酒的雪克杯，將茶葉和冰水混合搖晃，做出的茶飲有生津解渴的效果。後來林克伸決定推廣這種冷飲茶，在現在的板橋開店，取名為「小歇泡沫紅茶」。本來只是一家小小的茶亭，品項也只有紅茶、綠茶和百香紅茶。

因為只賣冷飲，所以冬天銷售不佳，後來小歇開始賣熱飲，生意變得越來越好，也開始有不少人選擇加盟，而且考量到年輕人需要休閒空間，店裡還提供很多點心可以搭配。全盛時期的小歇有兩百多家加盟店，各式各樣的茶點滿足了年輕人的需求。

不只台灣，連國外都有開設分店的「春水堂」，創辦人劉漢介提到自己在一九八三年到日本旅行時，看到日本的冰咖啡是用雪克杯調製的，於是想到台灣的茶飲也可以使用雪克杯。回來之後，他將魚池鄉的紅茶加入冰塊和果糖，倒出來以後會有細緻的泡沫，所以稱為「泡沫紅茶」。

劉漢介在台中開了「楊羨茶行」，除了賣一般的茶，也開始賣泡沫紅茶的冷飲茶，沒想到營業額反而比主業好，佔了九成以上。由於市場反應很好，一年內就開了十家分店，台灣人看到有錢可賺，就趕緊加入，所以整條街都變成泡沫紅茶店。

台灣的泡沫紅茶店大概在一九八〇年之後興起，有些是老茶藝館兼賣泡沫紅茶，也有像小歇這樣提供年輕人可休息的空間。另外還有以往販賣紅茶攤的路邊攤。之後手搖飲料店又在紅茶中加入珍珠，開枝散葉好多種品牌，泡沫紅茶成為台灣茶飲走向世界的前世。

電影《我的少女時代》有幾幕就是在小歇取景，喚起了我年少的回憶。小歇本來還會用類似葡萄酒杯的大口酒杯裝泡沫紅茶，讓中學生有種感受葡萄酒的新鮮感，而且大大的葡萄酒杯，約會的男女可以各插一支吸管，互望彼此，感受著純純的愛意。

後來葡萄酒造型杯子太容易打破，就換成啤酒杯造型。青春期的孩子，喝茶可以提神，又有點亢奮，兒童以上，大人未滿，青澀的情感正在萌芽。

泡沫紅茶上面的泡沫似乎就是青春期那點純真的感覺，很容易散掉，但相當美好且難忘。

28

珍珠奶茶

從台灣走向世界的代表茶飲

前幾年我和其他兩位作者寫了一本書《食光記憶：12則鄉愁的滋味》，由三個留學生分別寫鄉愁的滋味，聚焦於移民、離散、流亡、異鄉人和食物的關係，在聚散離合益發頻繁的當代，用食物串起世代間關於移動、鄉愁和品味的記憶，以食物說時光流轉的故事。

透過食物的時空旅行，我們發現從紐約到世界各地，很多人不一定知道台灣在哪，但對於台灣的印象就是珍珠奶茶，而且不只在紐約，我在巴黎、蒙特婁、倫敦……等世界各大城市都看過珍珠奶茶。

除此之外，德國的麥當勞所開的 McCafé 於二〇一二年也開始賣起台灣的泡沫紅茶與波霸、珍珠奶茶，近幾年在日本東京代官山也開了號稱珍珠奶茶創始店的春水堂。

珍珠奶茶的發明

英文的珍珠奶茶說成Babao Tea，是從波霸奶茶而來，究竟波霸一詞而來，然後珍珠奶茶是如何在台灣和世界紅起來的呢？

珍珠奶茶發明於一九八〇年代中期，但開始在全球熱門起來大約是近十幾年的事。珍珠奶茶始源於泡沫紅茶，有兩家飲料店都說是珍珠奶茶的創始者，一家是台南的「翰林茶館」，一家是台中的「春水堂」。

根據翰林茶館創辦人涂宗和的看法，從一九八六年在台南創辦茶館開始，為了增加營收且讓消費者有更多選擇，他一直思考在茶飲中增加不同食材的可能，無論是在口感或茶葉種類的多樣化方面。平常在台南鴨母寮市場購買食材的涂師傅，看到市場口販賣粉圓冰的小攤將傳統手工粉圓用杯子裝，然後以吸管吸來喝。「如果將粉圓放在茶飲中會是什麼樣的體驗呢？」他靈機一動地想著。

後來涂師傅買了白色粉圓，煮完以後放進綠茶中。當時的粉圓是白色小顆狀，像珍珠一般，所以取名為「珍珠綠茶」，後來又嘗試了紅茶和奶茶，發現珍珠奶茶讓他最為驚豔，於是翰林茶館賣起了珍珠奶茶。

本來的白色粉圓，後來怎麼變成黑色的呢？涂師傅說有一次他到宜蘭，看到榕樹下的剉冰攤有大顆的黑色粉圓，那是宜蘭的特殊粉圓類型，吃起來有嚼勁又彈牙，具有特殊口感，回到台南後便放進茶飲中嘗試，推出了「白珍珠」和「黑珍珠」的茶飲。由於一開始還沒有大口徑的吸管，所以要喝黑珍珠奶茶得在店裡享用。

然而，春水堂對於珍珠奶茶的發明卻有不同說法。創辦人劉漢介所寫的《當珍珠遇見茶》一書提到，珍珠奶茶是由春水堂負責產品開發的林秀慧特製出來的，由於她從小很喜灣吃粉圓，也喜歡奶茶。一次在台中的市場買粉圓回來煮，煮好就放進奶茶中，調製好甜度後拿給同事們試喝，大家都說好喝。由於叫粉圓奶茶沒什麼特別之處，覺得看起來像黑色的珍珠，所以稱為「珍珠奶茶」，春水堂和珍珠奶茶就被大家牢牢地記住。

西谷米和粉圓的變身

究竟誰才是珍珠奶茶的發明者？後來翰林茶館和春水堂爭訟了十多年，法院最後也無法決定誰是珍珠奶茶的發明者，而且指出每個人都可以調製出一杯屬於自己的珍珠奶茶，兩家廠商都無法註冊珍珠奶茶的專利。

既然無法註冊珍珠奶茶的商標，所以每家廠商都可以做出屬於自己的珍珠奶茶。珍珠奶茶的主原料粉圓，通常選用樹薯粉、馬鈴薯粉、地瓜粉、蓮藕粉或太白粉製成，還會混和果膠凝結成粉圓。

早期的粉圓是白色的，而且是用地瓜粉做成，和東南亞的西米露很類似。西米露的原料來源是「西谷米」，我的好朋友曹銘宗老師在《吃的台灣史》書中有提到「西谷米圓」源於東南亞，是由樹莖中的澱粉加工而來。因為西谷米取得不易，所以在台灣就採用取得方便的地瓜粉和樹薯粉加以製作。《吃的台灣史》中有提到：

粉圓的另一個變化是在番薯粉中添加樹薯粉，甚至改以樹薯粉代替番薯粉製作，除了因為樹薯種植容易且產量大，價格便宜，也因為樹薯粉做的粉圓比較不會黏在一起，適合加入冷茶。日文稱珍珠奶茶タピオカティー（音tapiokati），タピオカ就是音譯自樹薯粉（tapioka）的英文。

波霸奶茶的由來與擴展

台灣從早期的泡沫紅茶轉型成珍珠奶茶，而且發展出一家家路邊的飲料店，成為台灣的名產。後來的珍珠又加上黑糖和焦糖，每家都有獨特配方，到了一九八〇年代後期和九〇年代，很多知名港星來台灣，像是劉德華、黎明、郭富城和張學友，當時很多人享用麻辣火鍋或喝珍珠奶茶。

當時香港來台的女明星除了張曼玉、葉蒨文和梅艷芳，還有一位擁有傲人上圍的葉子楣，由於其上圍起伏如波濤洶湧，因此暱稱「波霸」。珍珠奶茶搭上波霸的風潮，將珍珠做得特別大，取名為「波霸奶茶」，比起一般珍珠大了一倍。為了讓消費者方便用杯子喝，波霸奶茶的業者特製大口徑吸管，後來成為每家連鎖珍珠奶茶店必備的吸管。

有些奶茶店還推出一般大小的珍珠與波霸混合的奶茶，讓口感更加豐富。有趣的是，後來英文使用珍珠奶茶一詞時，是翻譯成「Boba milk tea」或「Bubble milk tea」，兩者在全球流行的時候，都讓台灣的珍珠奶茶走向世界。

台灣大街小巷的手搖飲料店必備的一定有珍珠奶茶，而且南部和北部的店家都不同的配方，每隔幾年市場上都會有新店家出現。我並不是那麼常喝珍奶，但問學生，他們每個人都可以對手搖飲料店聊得頭頭是道，哪家的茶有什麼特色，有哪些新的配方，都說得出個所以然。

我在紐約的時候，問一些留學生想家的時候會做什麼，他們有些說會去法拉盛吃個台灣菜，有些人去買鹽酥雞，有些人買一杯珍珠奶茶來緩解思鄉之情。從類似西米露而來的甜品，在台灣加入了茶飲中，然後走向全世界，成為台灣人的飲食認同。

29

啤酒

台灣「上青」的一味

前陣子在嘉義，和阮劇團的兆謙與廖小子喝酒，才發現我們都是天蠍座的，而且剛好分別在十月底、十一月初和十一月中。趁著天蠍月快結束，來個天蠍會，兆謙揪我們在三重的「啤酒頭釀造工場」。

以前就喝過啤酒頭的「二十四節氣啤酒」，相當知名，我的大學老師彭明輝教授擅長書法，啤酒的酒標就是他揮毫的作品，由「穀雨」和「立夏」打頭陣，市場反應相當好。啤酒頭希望透過與台灣風土產生最直接的連結，勾起台灣人的迴響。由於台灣在二〇〇二年加入WTO，開放民間可以釀酒，精釀啤酒廠如雨後春筍般地開設。

我們每個人都帶了幾樣小菜。我請朋友準備起司、火腿盤。有人帶烤鴨，也有的帶茂園的白斬雞。設計師廖小子帶他自己滷的澳洲和牛牛頰肉，滷汁有他獨特的配方，香料從東方到西方都有，小子說逃難要帶著跑。啤酒，就是可以跟任何食物搭配，最容易接觸到且總是和歡樂時光連結在一起。

受日本啤酒的影響

台灣本土的啤酒產業和日本統治有直接關係。日本明治維新之後，發現國家釀造啤酒可以獲取利益，札幌（Sapporo）酒廠早期由政府經營，但很多私人企業看到其中的巨大利潤，紛紛投入啤酒產業。

啤酒在日本會逐漸引起消費者注意，也跟西洋料理的普及有關。本來不吃肉的日本人，為了強國保種，將吃肉與開化、文明的觀念連結在一起，透過軍隊、學校的制度推廣肉類，而東京、大阪等城市也開始有販賣肉類的西洋餐館。

明治初期的西洋餐館就有販賣啤酒，本來覺得「臭氣沖天」的肉，搭配著「苦味」的啤酒，成了新潮、文明且先進的象徵。在「麒麟啤酒」誕生的同一時期，東京的商人們也想進軍啤酒市場，集資成立了日本麥酒釀造會社。麒麟啤酒推出的一年十個月後，「惠比壽啤酒」開始販售；兩年之後，大阪麥酒公司的「朝日啤酒」開始發行。

台灣啤酒的開始

台灣在明治末年成為日本領地，剛來到台灣的日本人沒有啤酒喝，就從日本進口啤酒。日本統治十多年之後，飲酒的人口較多，而且台灣天氣較熱，推廣啤酒更容易。最先開始在台灣設立啤酒工廠的是安部幸之助，他的家族企業經營原料貿易，從麵粉、棉麻、布料和糖都有，範圍涵蓋了東亞和世界。

一九一九年，他成立台灣第一家啤酒工廠「高砂麥酒會社」，目標除了本島的消費，也有外銷南洋的計畫。由日本芳釀會社的社長安部幸之助發起，還有日本啤酒業界共同投資。一九一九年六月在台灣的第一批啤酒開始生產，而工廠所在地就是現在八德路的「建國啤酒廠」。

現在台灣生啤酒相當熱門，特別是十八天的生啤，不經殺菌的生啤喝起來相當鮮美，高砂麥酒第一批產品就和特約店家合作，開始打進台灣市場，這也是台灣啤酒的重要傳統。日本殖民統治也讓台灣開始現代化，生活方式越接近西方，在日本，啤酒作為「文明的滋味」，在台灣也經歷了相似的歷程。為了促銷啤酒，當時經常舉辦各種促銷活動，像是在基隆港外的舟遊會、在車站舉辦的納涼會，還有各種試飲會。

台灣人開始接觸啤酒，最早一批是和日本人有密切來往的人，接著，台北大稻埕、艋舺開始設有啤酒館，成為一股新時代的風尚。本來台灣人一開始很不習慣啤酒的味道，覺得像在喝「馬尿」，但隨著時代、文化的改變，加上廣告的宣傳，啤酒成為代表現代和文明的味道，大稻埕的江山樓有一段時間曾在外牆懸掛「高砂麥酒」及「來卓啤酒」（Right Beer，高砂麥酒主力商品之一）。

日治時期啤酒採用專賣制，戰後國民黨政府來台沿襲此方式，成立「台灣省專賣局」，將高砂麥酒會社改組成「台北啤酒公司」。後來台灣省政府成立，改為「台灣省菸酒公賣局」。民國五十年，為了找到原料和風味都符合台灣人的啤酒，公賣局還從德國採購最新的釀酒設備，在釀造過程加入蓬萊米，而這一口味，就是我們現在習慣的台灣啤酒。

由於長期專賣的關係，台灣省菸酒公賣局成了獨家壟斷，也讓消費者的品味很固定，它們生產荔枝酒，消費者就只能喝荔枝酒；生產玫瑰紅葡萄酒，帶點甜味，就讓很多台灣人以為葡萄酒應該是甜的。

百家爭鳴後的「上青」啤酒

之後在美國的壓力下，開放了其他啤酒進入台灣市場，民眾才有了更多選擇。我還記得大學時，剛進入公元兩千年，開始有了很多啤酒廣告，像是海尼根、麒麟都進來了，當時台啤雖然仍是銷售第一，卻開始有了競爭對手。

我以往在國外，有時在倫敦、紐約或多倫多，當地人經常在啤酒館聚集，觀看各類運動比賽，那是他們的社交場所，下班之後的好去處，但是台灣沒有那麼多啤酒館。消費啤酒的地方多半是在海產攤或餐廳，有時在KTV，大部分的人都會買一手啤酒回家喝。

公元兩千年之後，很重要的是台灣便利商店的發展，讓啤酒的鋪貨更加普及，在家附近就可以買到啤酒。面對外國啤酒準備攻進台灣市場，海尼根、百威，還有日系的麒麟、朝日都虎視眈眈。麒麟啤酒找到知名作家代言，在民國八十幾年的時候用「呼乾啦！」，讓台啤的市占率一下掉了十個百分比。

台啤後來找到有台味的知名歌手伍佰代言，想到了一個最好的行銷策略，就是在地、新鮮。從國外來的啤酒雖然可以讓台灣的民眾嚐鮮，但畢竟運送路程相當遠，只有台灣啤酒才有「上青」、最新鮮的啤酒。台啤後來還將「上青」註冊成商標。

伍佰（廣告口白）：「什麼是青？台灣啤酒，上青！」

啤酒的味道從日本時代留下來的「文明的滋味」，確認了生啤的傳統，戰後又加入蓬萊米，讓台灣啤酒徹底在地化。當外國酒進軍國內市場，台啤找到了「上青」這個簡單卻有力道的宣傳，也在我們的嘴巴和腦袋裡都留下深刻的集體記憶。

30

台灣茶

茶鄉帶來的產業文化記憶

一直是臉書朋友的成功大學歷史系主任陳文松教授，每每看他假日都會回到家鄉松柏嶺。我媽媽也來自茶鄉松柏嶺，從小我回外婆家時，都會看到製茶的過程，也培養出對茶的品味。

松柏嶺有中部最大的玄天上帝廟受天宮，可以俯瞰彰化平原。某個中秋佳節我和文松老師約在外婆家，看他穿著藍白夾腳拖一派輕鬆地走來，原來我們住得如此臨近，跟我姨丈一聊，原來是世交，小村莊裡大家都認識。陳老師跟我媽是弓鞋國小的校友。鄉里中一直說他們家有個很會讀書的孩子，到東京大學讀博士，原來就是陳老師。

我小時候有段時間住在外婆家，姨丈和外婆都在種茶，作茶的時候可以看到家家戶戶到夜半三更都沒睡覺。松柏嶺的茶葉可溯源到清領時期，一九七五年時任行政院長的蔣經國先生，品嘗了香郁芬芳的埔中茶，將茶葉命名為「松柏長青茶」，從此聲名大噪。而今松柏嶺茶區常見的品種還有台茶十二號（金萱）、台茶十三號（翠玉）、青心烏龍和四季春，是台灣最大的茶葉產區，現在也是台灣手搖飲最重要的茶葉產地。

從清代開始的喝茶史

台灣人愛喝茶，從價格不斐的高山茶到路邊的手搖飲料，每天都會接觸到茶。台灣最早的茶苗是由福建引進，種植於現在新北市平溪和深坑一帶，大約是在清代中葉嘉慶年間，後來逐漸擴及到北台灣。

改變台灣茶業種植和經營生態的最重要原因是一八五八年的英法聯軍，清廷失敗後簽訂通商條約，台灣開放安平、淡水、雞籠和打狗四個港口，外商紛紛來台設立洋行。

當時有英國商人杜德（John Dodd）來台灣調查樟腦、茶葉等經濟作物，成立「寶順洋行」，他發現北部的文山和大溪地區很適合開發茶園，於是雇用廈門籍商人李春生從福建安溪引進烏龍茶苗，並鼓勵附近的農民種植。後來在一八六六年，在大稻埕設立茶行和工廠，利用兩艘大型帆船將以「Formosa Tea」為商標的台灣茶載到紐約販賣，深受歡迎。在清朝統治末期，大稻埕已經有很多茶商販賣台灣茶。

清末時期，台灣從事茶業的人口有三十萬人之多，有效解決台灣逐漸增加的人口壓力，而且茶的出口產值高達百分之七十四・九。

日治時期的茶業發展

日本統治台灣之後，派出官員進行茶業相關調查，當時台灣茶業面臨很大的考驗，受到國際茶葉市場的影響競爭對手很多，但因沒有使用現代化產茶方式，無法擴大規模。

我曾經跟行銷到日本的王德傳茶莊老闆王俊欽先生聊到台灣茶的歷史與文化，還有如何品牌行銷。王俊欽先生有一次提到台灣茶在日治時代的歷史，剛好我的好朋友台北醫學大學的曾齡儀教授借了我一本《茶苦來山人逸話：三好德三郎的臺灣記憶》，這是她和中央研究院台灣史研究所整理了三好德三郎的信件所出版的書。

現在到京都都會看到的「祇園辻利」，其實第一家店竟然是開在台灣，這家茶舖的主人就是當時的政商名流三好德三郎。出身京都宇治市茶葉經營家族的他，一八九九年來到台北發展，經遷址後茶舖位在當時的榮町二丁目，就是今天台北市重慶南路一段與衡陽路交叉口，為台灣開闢了銷往日本的窗口。

這位自詡為「茶苦來山人」的日本先生，說自己一輩子為茶辛苦奔走。三好德三郎在台灣長期於坪林與文山一帶調查烏龍茶，也在南港種茶。對於公共事務，三好德三郎曾積極參與，擔任過郵局局長、台北州協議會會員、台灣總督府評議會員等等，有高度影響力，被稱為「民間總督」。

文化不是博物館的櫥窗展覽，而應該在生活當中，如今辻利茶舖老店新裝，品牌針對年輕人做了一些轉型，讓新舊並存。王德傳在學習這種新舊傳承交融的精神，並將文化融入日常中。我對傳統與品牌行銷的關係一直都有興趣，希望從不同產業所繼承的文化中，為台灣未來的發展找出一些方向，這也是歷史與當代的對話。

最早台灣總督府對於茶產業的政策比較消極，嘗試導入機械製茶和茶樹栽培，一直到了大正七年（一九一八），總督提出茶葉獎勵計畫，台灣茶業才算進入全面改良時期，在茶葉產銷、研究都進入了轉變，讓台灣茶業整合出以區域為單位的茶。

日本政府進行台灣茶業的研究，還有人才的培育，平鎮茶葉試驗支所是日治時期台灣茶業研究機構的重鎮，引進機械製茶技術，從事茶樹栽培和肥料試驗，並且開始茶樹育種，鑑定出台灣四大優良品種茶，推廣到台灣各地茶園，後來共培育出二十二個新品種茶樹。

為了確保台灣茶在國外市場的聲譽，台灣總督府還成立了茶葉檢查所，專責外銷茶葉的輸出檢查，避免劣質茶葉輸出，對於台灣茶業的聲譽有很大貢獻。總督府當時對於台灣茶業的宣傳也不遺餘力，在各地舉辦博覽會，讓世界對台灣茶有深刻的印象。

台灣茶的產區變化

二次世界大戰後，從一九四五年到一九六〇年，茶園的「種作」快速回升，戰時的荒廢後來都復耕恢復到以往的景況。但隨著經濟轉型，工商業發展吸收了很多勞動力，茶園面積開始縮小。北部種作茶葉的地區嘗試起其它經濟作物，反而是在南部開始大規模種作，而且在垂直分布上，也向高海拔地區發展，尤其以南投縣名間鄉與鹿谷鄉發展最迅速，還有雲林、嘉義的高海拔地區也有高山茶。

由於國際茶葉市場的變化，台灣外銷茶葉在市場上失去競爭力，為了挽救台灣茶葉，政府開始精緻化台灣茶，轉為內銷市場。不僅增加多種產銷的管道，還結合歷史、文化與風土，讓茶葉文化深入台灣的家庭之中。

近來茶葉生產的故事，也成為文藝創作的一部分，例如以新竹北埔茶商姜阿新為故事背景的影集《茶金》，引起了大家的關注，也讓茶的文化記憶，從產業、生活，成為我們歷史中的一部分。

31

仙草

本應天上有的仙山產物

獅潭有座仙山，仙山有名的也是仙草，真是剛好。

我在仙山的山腳有幾座小木屋，假日經常到這裡休息度假。五歲的時候，我就已經跟獅潭這個小鄉鎮結緣。喜歡山林的父親，放假就會到山裡走走，後來買下了山腳下的幾公頃土地。

仙山有仙草

本來打算退休之後要到仙山居住，但父親在六十四歲過世，沒來得及退休，但仙山的甘美滋味始終在我心中，也是從小到大都在我的味覺記憶裡。

現在獅潭小鎮的街上，假日人潮絡繹不絕，很多都在排「仙山仙草」，一間店讓偏鄉又活絡了起來。仙山仙草到底有多難排？有一次我跟知名理財作家施昇輝約在我的小木屋，想說人應該早到了，怎麼晚了一個小時？結果他跟我說在排仙山仙草。

「下次你來我的小木屋，我請老闆直接拿上來給你吃，還不用叫Food Panda。」我開玩笑地說。

我平日經常在獅潭新店老街散步，很多當地的民家會在門口清洗仙草，這裡有緩慢的步調，鎮上幾乎都是老人，是全台老齡化人口比例最高的街區，超過一半人都六十五歲以上。但這裡的居民就醫比例也不高，或許是因為這裡就是一個適合老齡化的空間吧！

「仙山仙草」有各種的仙草料理，琳瑯滿目，像是仙草水餃、仙草粄條、仙草雞、仙草拉麵、仙草涼麵、仙草炒麵等。本來第一代的「仙山仙草」老闆自己種仙草，賣給附近鄰居，第二代在市場販賣，第三代則融入現代化的經營，以古樸的裝潢加入文化創意的元素，讓仙草料理老少咸宜。

苗栗的好吃仙草

台灣的夜市賣燒仙草的不少，冬天時來碗熱熱的仙草，的確是至福的享受，然而，如果只吃過夜市的仙草，沒辦法真實感受到仙草的香氣和風味。

我們在仙山居住時，都會接當地的山泉水使用。仙山廟上面有仙水亭，讓遊客可以接這裡的好水。仙山仙草就是用仙水製作的仙草，難怪鮮美非凡。如果問我有沒有媲美「仙山仙草」的仙草店，那應該就是從獅潭市區往仙山廟的一二四縣道上仙山農園中的「星仙草」吧！

位處半山腰的星仙草，下午的時候經常雲霧繚繞，使用的水質和種植出來的仙草更好。現在第二代回鄉一起經營，夏日的時候，這家半山腰的仙草店也到處是遊客。

在台三線上的獅潭，全鄉大概都是海拔三百到九百公尺的里山地帶，以前到處長滿野生仙草。野生仙草跟人工種植的仙草吃起來完全不同，有豐富的膠質、淡淡的香氣，冷的熱的吃起來都清爽。現在由於比較多人對於仙草的營養價值有認識，越來越多人食用，仙山仙草就與附近農家採契作的模式。

仙草一年一穫，大約在中秋節前後開花，滿滿的仙草花讓鄉間增添了很多豐富的色彩。仙山仙草的濃度和純度都相當夠，而仙草凍是其中的聖品。

仙草怎麼做成麵呢？將仙草熬煮後作為湯底，加入麵粉一起揉成麵糰。由於仙草具有膠質，會讓麵條口感更有彈性，而且扎實。

不管是冬天或夏天，我覺得仙山農園的仙草雞也是一絕，用土雞的雞骨熬煮而成，加入仙草後，雞湯變得清爽，冬天喝了暖心，夏天退火。

仙草和仙人的傳說

仙草的名稱一開始出現在中國醫藥書籍的《職方典》中，稱為「仙人草」，台灣原住民很早就知道，排灣族稱為Ryarikan，泰雅族稱為Supurekku，英文則稱為Chinese mesona。

為什麼會將仙草和仙人結合在一起呢？傳說有兩種，第一種是將仙草根莖葉加水熬煮，過濾其中的汁液再加入少量澱粉，就能夠製作大量的仙草凍，由少變多，有如變魔術一般，只有仙人能辦到。

還有一種說法是古早只靠步行的時代，夏季出行容易中暑，仙草曬乾以後有特殊香氣，熬煮成仙草茶提供給出行或是在農田工作中暑的人，身體很快就會回復，這種神奇功效凡界沒有，只有仙人才能提供。

仙草是台灣很有代表性的植物，一般人經常將之與清涼解暑連繫在一起。仙草枝葉採收後先透過乾燥儲藏，一般農家會將熬煮後濃度較低的仙草放涼飲用，而商家處理的量大，會放進大型鍋爐熬成仙草汁液，過濾濃稠的汁液後再加入澱粉攪拌，放進各式形狀的模具冷卻，就成為我們所熟知的仙草凍。

一鄉一特色的關西仙草

台灣有不少地方都有種植仙草，像是嘉義的水上、彰化二水，以及苗栗獅潭和三灣、新竹關西和桃園新屋。其中，新竹關西的仙草種植面積是全國最大，超過一半的產量。

丘陵地形的關西周圍環山，颱風對關西影響較不大，但是每年十月到隔年的三月有東北季風，就是新竹特有的「九降風」。避開東北季風盛行的季節，仙草從三月開始栽種，適合生長的溫度大約在攝氏二十到二十五度，只長在利於排水的土地，沒有什麼蟲害，十月就可以收成。

《本草綱目》中記載：「仙草味甘、性寒，煮成茶飲，清涼解渴、降火氣，消除疲勞，老少咸宜。」

仙草是大自然的產物，在中醫藥理有保健的功效，除了可以解暑熱，還能治酒風，或是感冒、高血壓、肌肉與關節疼痛。除了製成仙草茶、燒仙草，還能將仙草入菜，製作成仙草燉雞湯、燉排骨等料理。

本來台灣有不少地方種仙草，但經過當地住民馴化之後，每個地方都發展出自己的特殊品種。

在一九八九年後，關西將仙草列為特色產業後逐漸發展起來。本來台灣桃竹苗的客家丘陵地帶，很多地方都有種茶，關西早期也是以茶葉聞名，然而在關西紅茶有機會外銷的時刻，遇到了經濟不景氣，甚至有些茶農魚目混珠、偷工減料，將茶葉染色，讓關西茶葉的形象受損。

為了配合政府「一鄉一特色」，關西選擇了仙草作為主力發展的農特產。農業試驗所注意到仙草作為經濟作物的特性，開始投入研發。關西現在使用的仙草品種是「桃園一號」，香氣十足且有高凝膠性，甚至發展出「仙草養生粉」、「仙草牛軋糖」等產品。

雖然仙草可以透過進口再加工，但由於國產仙草香氣特殊，國人也習慣食用本土的仙草，如果能加以推廣，會是很有潛力的本土農業。

仙草與客家文化的推廣

至於仙草為什麼會跟客家文化結合呢？多少是因為客家族群對仙草有生活的記憶。

早年丘陵的生活不容易，客家族群較為節儉，會將仙草曬成仙草乾儲存起來，需要的時候再熬煮成仙草茶。仙草曬乾之後，隨時可以拿來燉煮仙草雞，生津補氣。後來關西的仙草還增加了生產履歷，成為在地的農業特色。

客家委員會很重視客庄的旅行推廣，在關西也舉辦了仙草文化節慶，每年以仙草為核心，結合客家元素推動仙草和客家文化，甚至還開發出即溶仙草、燒仙草和仙草凍粉組合的「桐花禮盒」。

夏天來碗仙草冰或仙草茶消暑，冬天來碗燒仙草和仙草雞暖胃，四季皆宜的仙草，在食物中加入這一味，不管是當茶飲或入菜通通都適配。

32

客家茶

逢客必有茶，關於東方美人的茶事

前幾年很熱門的電視劇《茶金》播出時，在台灣引起很大的風潮和討論。裡面有一段劇情與國民黨政府剛來台灣時的社會狀況有關，就是四萬元舊台幣換一元新台幣的歷史。國民政府來台時因施政不力，加上攫取台灣的社會資源造成通貨膨脹，引發了民怨。

文學與影集中的客家茶事

因為這齣電視劇，也讓人想到了客家人和茶之間的關係。正逢桃園龍潭的客家茶博物館開幕，能讓更多人理解到客家族群與茶葉的互動。

除了《茶金》以外，之前有本《東方美人》，也是以新竹北埔客家大戶人家姜阿新為基礎寫成的小說。

《東方美人》小說是從一九六六年姜阿鑫的永鑫茶廠開始說起，當時姜家大宅已被查封。，他回顧起從一九二〇年代開始的茶葉王國，當時他經手出口了大量茶葉到世界各國。小說中描寫了當地的信仰中心慈天宮、茶園、北埔公學校，還有不少的客家山歌穿插於其中，讓讀者更能感受客家文化與茶葉之間的關係。

《茶金》的故事則是從張福吉家的洋房開始說起，其實講的就是北埔姜家洋房。一開始劇中提到這棟房子是「兼具日本大正時期與英國鄉村別墅風格的宅院」，而且當時張福吉的茶廠採用最先進的設備，北埔和周邊的峨眉、寶山因為周邊土地大部分是丘陵，土質為沙礫壤土，沒有辦法開闢成水田，反倒適合栽種茶樹。

東方美人茶的各種稱號

東方美人茶又叫膨風茶、白毫烏龍、冰風茶、五色茶、番庄烏龍，在不同的地方有不同的名稱，其實生產的茶種都是烏龍茶。台灣的烏龍茶起源於福建武夷山，清領時期隨著移民來台灣北部拓墾而引入，生長於台灣的烏龍茶也有別於中國的風味。

從十九世紀末期開始，客家族群沿著桃竹苗內山一帶在平原和深山間的丘陵地種茶、製茶、建立聚落，彼此之間相連的「茶路」，就是現在仍然可以健行的古道。

有句話說：「逢山必有客，逢客必有茶。」客家族群開墾桃竹苗丘陵地一帶，十九世紀中期以後，「福爾摩莎茶」、蔗糖和樟腦並列為「台灣三寶」，外銷的利潤很大，從大嵙崁（大溪）、鹹菜甕（關西）、樹杞林（竹東）、貓裏（苗栗）、三叉河（三灣），都是當時興起的客家聚落。在還沒有現代運輸工具之前，都需要用人力將貨物運送到大溪碼頭，是當時淡水河流域可以行船的最內陸的地方，之後再用船運送至大稻埕。

日治時期，茶葉產量更大，台灣北部為烏龍茶、紅茶和綠茶最大的供應地區。有茶界宗師之稱的林馥泉先生曾指出，日治時期台灣出口的烏龍茶可以分為三類：適合外銷的正茶、特色高級茶（一般所謂的膨風茶）、副茶（正茶所提製的茶葉），膨風茶中的青心大冇、青心烏龍，第一次、第二次之極細嫩芽採摘製造的一台斤茶葉，在當時就有千元以上的高價。

目前在桃園龍潭，東方美人茶稱為「椪風茶」，從百年前的文獻可以看到仍稱為青心大冇、青心烏龍，是日本人將「膨風茶」改成「椪風茶」，而在北埔仍然稱為「膨風茶」。

會叫「膨風茶」是因為茶農不捨得受到小綠葉蟬蟲害的茶菁被丟棄，仍拿到市場販賣，沒想到卻有甜美的蜜香，北埔茶庄的姜瑞昌將此茶以「北埔烏龍茶」的名義參加「始政四十周年博覽會」，沒想到以兩斤兩百元的高價賣出，大受歡迎。他回去跟鄉民報告，鄉民卻懷疑地說：「被蟲咬過的茶怎麼可能賣到高價？」姜瑞昌被大家覺得在「膨風」（吹牛的意思），因此得名。

東方美人茶的特色

至於「東方美人」這稱號又是從何而來呢？

據說膨風茶賣到英國之後，因為茶帶有濃厚蜜香，而且還有點像香檳，所以也稱為「香檳烏龍茶」（Champagne Oolong），泡茶時，茶葉在熱水中有如美女一般舞動，配上色澤美麗的茶湯，所以有了「東方美人茶」之美名，現在峨眉地區的茶還是用此名稱。

東方美人茶的生產季節主要是在二十四節氣中的芒種到大暑間，最好的採摘時間是端午前後。處於節氣前後採摘，茶葉的芽較為肥大，而且充滿香氣。

東方美人茶中較好的稱為青心大冇，原料是手工採摘的一心二葉茶菁，而且茶菁需要小綠葉蟬啃食過，才會有特別的風味。小綠葉蟬又稱為青仔、煙仔、煙阿蟲，新竹和苗栗地區的丘陵地帶很適合小綠葉蟬繁殖，靠吸食茶樹的嫩葉汁液維生。

本來是害蟲的小綠葉蟬，沒想到茶菁經過牠叮咬之後，嫩葉內部產生了變化，讓裡面的「茶多酚類」活性增強，「茶單寧」的含量也增加。採摘的時候要透過手工採摘一心二葉的嫩茶菁，客語稱此為「著涎」，小綠葉蟬叮咬的茶芽讓膨風茶具有一股特殊果香或蜜香味。

客家文化與茶

桃園市政府在龍潭成立了茶文化博物館，過去台灣種茶的區域從淡水、大稻埕、木柵，後來延伸到桃園台地，一路沿著客家庄的龍潭、北埔、峨嵋到苗栗，其中又以龍潭佔最多，烏龍茶產量曾佔全台灣的百分之十。

由於種茶能賺取很多外匯，日本總督在統治台灣之後，在平鎮設立茶葉試驗所，後來選定了青心烏龍、青心大冇、大葉烏龍、硬枝紅心四種，又最為推廣青心大冇。後來以外銷烏龍為主，也有包種茶和紅茶。

茶產業是客家人和台灣這塊土地交流溝通的結果，背後充滿著豐富的故事。從「茶」這個字來看，可以分解為「人在草木間」，客家族群來到台灣的內山聚落，他們世世代代都生活在草木間，日常的每個部分都和茶有關，從待客、奉茶、結婚到祭祀，從早到晚都有茶為伴。

詩人和歌手羅思容曾經寫過一首《人在草木間》，很具體地描述客家族群與茶的關係：

人在草木間，啉茶做神仙
一杯釄茶，敬伯公
謝天謝地謝三光
一杯清茶，敬祖先
拜請阿公婆來食茶
朝朝敬茶　人壽年豐
朝朝敬茶　大細安康

從祖先敬拜到公婆，敬祝平順安康，接著唱出不同茶的功用，仙草茶透心涼、甜茶甜入心、擂茶營養又飽足、酸柑茶可以化痰又降火。人際之間的感情就是在一杯一杯的茶之間展現，回甘的餘韻有如人生的況味。

人在草木間，啉茶做神仙
青草清涼瀉心火

新娘甜茶桂圓棗
擂茶一碗食飽足
酸柑化痰又降火

一重山背一叢人
條條山路有茶亭
奉茶人情最是靚
甘露入口心頭定
一杯香
二杯甜
三杯清心
四杯順序
五杯　東方美人醉了醉了醉了

國家圖書館出版品預行編目（CIP）資料

說不盡的台灣味. 上, 風土滋養的印象台味/胡川安著. -- 初版.
-- 臺北市 : 遠流出版事業股份有限公司, 2025.08
面； 公分
ISBN 978-626-418-295-9（平裝）

1.CST: 飲食風俗 2.CST: 臺灣文化

538.7833 114009231

說不盡的台灣味（上冊）

風土滋養的印象台味

作者／胡川安

主編／林孜懃
封面設計、繪圖／之一設計（鄭婷之）
內頁設計排版／陳春惠
行銷企劃／鍾曼靈
出版一部總編輯暨總監／王明雪

發行人／王榮文
出版發行／遠流出版事業股份有限公司
地址／104005台北市中山北路一段11號13樓
電話／（02）2571-0297
傳真／（02）2571-0197
郵撥／0189456-1
著作權顧問／蕭雄淋律師
2025年8月1日 初版一刷
定價／新台幣450元
（缺頁或破損的書，請寄回更換）

ISBN 978-626-418-295-9

遠流博識網 http://www.ylib.com E-mail: ylib@ylib.com
遠流粉絲團 http://www.facebook.com/ylibfans